图书在版编目(C I P)数据
追寻圣玛利亚校友足迹 / 徐永初，陈瑾瑜主编.
上海：同济大学出版社，2014.6
ISBN 978-7-5608-5507-3
Ⅰ. ①追… Ⅱ. ①徐… ②陈… Ⅲ. ①圣玛利亚女校－校友－访问记
Ⅳ. ①G639.285.1
中国版本图书馆CIP数据核字(2014)第101017号

追寻圣玛利亚校友足迹
出版策划　萧霏霏(xff66@aliyun.com)
责任编辑　陈立群(clq8384@126.com)
视觉策划　育德文传
封面设计　陈益平
电脑制作　乔　荣
责任校对　徐春莲

出　　版　同济大学出版社　www.tongjipress.com.cn
发　　行　上海市四平路1239号　邮编　200092　电话021-65985622
经　　销　全国各地新华书店
印　　刷　上海锦良印刷厂
成品规格　170mm×213mm　192面
字　　数　202000
版　　次　2014年6月第1版　2014年6月第1次印刷
书　　号　ISBN 978-7-5608-5507-3
定　　价　38.00元

追寻圣玛利亚校友足迹

上海市第三女子中学组编

徐永初 陈瑾瑜 主编

同济大学出版社

本书编辑委员会

序 言（一）

圣玛利亚女校是上海著名的女子教会学校，自1881年建校到1952年与中西女中合并成立上海市第三女子中学，历时71年。虽然已过去大半个世纪，当年受教于圣玛利亚女校的学生对母校的爱还是那么强烈！她们用饱含深情的语言回忆母校生活的点点滴滴，回忆老师的谆谆教导，为我们还原了当年圣玛利亚女校的教育方式、教学特色。那是一种充满了爱的教育，是为学生终身发展着想的教育，值得今天的教育工作者思考，对当下的教育改革也有借鉴意义。

圣玛利亚女校是中国近现代女子中等教育的缩影，是我们研究中国女子教育的一个范本。《圣玛利亚女校》系列图书为我们提供了大量第一手的资料。那些出自百岁老人的口述回忆，八九十岁耄耋老人亲笔撰写的文字，是不可多得的教育史的史料。

我对圣玛利亚女校和上海市第三女子中学的了解始于对其学生的了解。我读小学时在家附近有好几所女中——俾文女中、清心女中、晓明女中……女中的学生一般都有校服，这是我很羡慕的。那时我听大人说有一所圣玛利亚女校，但不是一般人家的女孩能去的。我读中学时，学校送我到市少年宫话剧队学演儿童剧，队里有几个很出挑的女孩是从市三女中来的，在她们面前我有点自卑，因为她们性情活泼，举止大方，而且悟性很高，那时我就知道市三女中不一般。我读大学时，结识了来自市三女中的伙伴，她很优秀，尤其音乐素养特高，发音方法和音色似乎很专业。喔，市三的女孩就是不一样！大学毕业后，我在一所不起眼的学校任教，但我很仰慕名校的风采，市三对我来说是那么遥远，尤其是德高望重的女校长薛正所领导的，更令我神往……直到我踏上市教育局的工作岗位，有机会向吕型伟等前辈学习并与一任又一任校长打交道，在我脑海中朦胧的市三才逐渐清晰起来。原来市三有着圣玛利亚女校和中西女中两所著名女子教会学校的优良教学传统。

吕老所以主张把市三恢复为女校，是因为教育是千姿百态的，教育应按人的身心发展规律施教。中国几千年的文明史有着巾帼不让须眉的传承，研究女性成才的规律更是时代赋予的使命与一代代教育工作者的责任。

市三一任又一任校长以责任、智慧、辛劳，幸福耕耘着都市的一片绿洲，培养独立、能干、关爱、优雅的女孩是她们共同的追求。课程的精心设置，多元的学习选择，优雅进取氛围的营造和文化熏陶，施展才华空间的拓展，让女孩寻找适合于自己成长的空气、水分和土壤。多少年了，许多女孩已经成为作家、医生、科学家、外交官、艺术家、校长、部长、模范标兵……漫长岁月中，圣玛利亚女校“公诚勤敏”的校训也潜移默化地在市三学生的身上烙下了印记。

随着岁月的流淌，本书字字句句记载的是珍贵的历史，是从圣玛利亚女校到市三女中的变迁；是教育史，是一代代教育工作者献身事业的丰碑，是一代代学女成才后报效祖国的丰碑；是回忆录，是女孩成长的甜蜜回忆，是她们放飞梦想的足迹，是对祖国繁荣昌盛的祝愿，是对后来学女殷切的期盼……

我真诚地祝愿圣玛利亚的老校友们身体健康，祝愿市三女中的未来更加辉煌灿烂。

夏秀蓉

2014. 2

（原上海市教委副主任）

序言（二）

我担任市三女中校长已有十余年，对市三的“现在”可说如数家珍。又因近来刚完成新一轮学校发展“五年规划”，对市三的“明天”更满怀憧憬。然而市三作为一所百年老校，又是现今国内女生教育的一张特色名片，它经过多少风雨几度春秋，若提及市三的“昨天”，总有诚惶诚恐之感，难以尽述。许久以来，总期盼能将市三女中“昨天”的历史编撰完整，所幸此次集众校友的努力，将女校曾经的点滴印刻入《圣玛利亚女校》系列图书，使得那些美好细节得以在时间的洗礼下留存。

市三前身是中西女中和圣玛利亚女校。因为今天的市三建在原中西女中校址上，故对它了解还多一些。走在市三校园，面对每一幢有故事的楼，我都不禁浮想联翩，仿佛看见一群群豆蔻少女走出教室，在大草坪上嬉笑玩耍享受阳光；仿佛听见一幢幢楼的窗口传出琅琅读书声和银铃般的笑声，静谧的校园顿时生机勃勃、活力无限……市三校园之所以在我们心中可以活起来，很大程度上得益于《百年女中》这本书，这是由中西、圣玛利亚、市三女中老校友写的回忆录。当曾经的人和老建筑合二为一时，自然就会有许多经典故事。

圣玛利亚女校原址白利南路（1943年改名长宁路）1187号，1952年与中西女中合并，整体迁入江苏路155号原中西女中校址。之后在原校址上办起上海纺织专科学校，后又成为东华大学长宁校区……因种种原因我们对它的了解自然不如中西女中那样多。

圣玛利亚校园精致如花园，思孙堂周围的景色也别有风味。1941届邢凤宝在《怀老圣校》一文中这样描绘思孙堂南面的景观：“思孙堂前两株蔷薇花，在暮春时节开得十分灿烂，花团团四垂，在对面健身房走廊上望过来，很像两组庞大的花球，加以浓香馥郁，甜甜的由空气四面传送开来……”

思孙堂底层有一间阳光屋，被称为“Sun Parlor”。1937届张爱玲高二时有篇英文撰写的“Sun Parlor”登载在1936年的校刊《凤藻》上，生动描绘了阳光室留给她的印象：“一个温暖、明亮的房间，永远充满了阳光。房间中央，有一长长的黑桌子，许多椅子围绕着它，那是为学生读书准备的。在阳光室的一个进口处，有一只木盒子放在书架上。这是属于《凤藻》编辑部的，每个女孩都有权力投稿。箱子是锁着的，我们总是梦想着怎样才能打开这个神秘的盒子，看到里面的秘密……”

多么美好的建筑，多么美好的回忆。我们不仅要把这几幢楼保留下来，更要把这几幢楼的故事保留下来。文物，文物，有了文字的记录，物才更与人相亲。如今这套合众人之力完成的《圣玛利亚女校》系列图书使体育室、音乐室、膳堂、思卜堂、思丁堂、教堂和钟楼……顿时都活了起来。

那个依然矗立在建筑围墙外的尖尖塔顶，必是教堂了。1952届李葵回忆：高中三年，她要负责学校教堂里的布置事项，每天清晨负责更换教堂圣坛上的鲜花，各宗教节期间得换上象征性的不同颜色的饰带等。

思卜堂是圣玛利亚女校的宿舍。“在平时，学生是不允许在课间回宿舍的，宿舍楼十分安静，井井有条。但是每到了下午4点下课后，两幢宿舍楼里必定要喧嚣卸顶一番。姑娘们要赶在活动时间的铃声响起前各自换好运动服以及做好一些其他的事情……当铃声一响，所有的姑娘们冲出房间到体育室集合，有的人边走边翻衣领，边系鞋带，甚至有的人面包还咬在嘴里。宿舍，霎时间又恢复了安静。”

……

这只是“校园”一章给我的美好享受。其他还有“社团”、“教育与教学”等大量的校友回忆文章，描述了圣玛利亚的校园之美、师生之情，令我爱不释手，回味不尽。

在校友们笔下，校园的每栋建筑、每个角落都是美的，即使不甚美的地方，都被细腻精致的文字营造描绘得很美。学生的情感也是美的，对每个细节不厌其烦的描写，里面是女生对学校一草一木的情感，对一人一事的感恩。圣玛利亚女校无疑是一所好的学校，曾培养了大量杰出女性人才；它更是一所美的学校，美于景、美于人、美于情。

如今有很多“好”的学校，现代的建筑、最新的设备、不错的升学率，但又好又美的学校并不多。“美”不仅是外观，不仅是校园精美的环境设计，更是内涵，更是情感。有了因材施教、兼容并包的好教育，有了关心学生、乐于授业的好老师，有了浓浓的人文精神，不美的学校也“美”了。“美”的学校，不是靠刻意打造、渲染而成，不是由有关部门考核出来，甚至和家长们的一时“口碑”也无关，而是能对学生一生发展有巨大影响，是学生毕业后依然存在强烈归属感，是几十年后，学生们还梦牵魂绕，愿意用手中之笔记录往昔岁月，使它更加丰满多姿的一方精神家园。《圣玛利亚女校》系列图书的诞生证明了圣玛利亚女中正是这般“美”的存在。

该系列图书分三册，分别为校史、追忆和毕业生故事。感谢校友们的辛勤付出。很多校友已是耄耋之年，有的又远在海外，要完成该系列图书，无论组稿还是写稿都不易。为写此系列图书，她们热情洋溢，花季在笔尖再次绽放，字里行间青春芬芳。还要感谢正值花季的市三女孩，她们用心静静倾听，苦心迁思回虑，力求让撰写的校友故事尽善尽美。那清新雅致、情深意切的语句更让当年的故事重放光彩，让人遐想悠然。

中西女中和圣玛利亚女校，是上海近代女校的双璧，也是市三人的骄傲。《圣玛利亚女校》系列图书和《百年女中》，是对这两所学校的最好纪念，也是对女中学校文化的传承。这些书，是学校教师的必读，获以办学借鉴；是女校女生的必读，获以成长启迪；也是大家的读物，获以女校魅力的体会。

现市三校园中，原中西女中的两幢老教学楼刚刚“修旧如旧”，圣玛利亚女校的标志建筑也终于保留了下来。市三的目标就是传承两校文化，再现两校神韵。

我相信无论是昨天、今天还是明天，市三都一直会是一所又“好”又“美”的学校，独树一帜，无可替代。

徐永初

（2014年2月12日）

目 录

一生倡导民众教育

——记 1919 届 俞庆棠

在现代教育史中，与人民教育家陶行知同为著名教育家杜威弟子的另一位人民教育家俞庆棠，在旧中国教育界叱咤风云三十年，是中国民众教育创导者、社会教育先驱。

“五四”运动中崛起的新女性

1919 年，“五四”怒潮卷到上海，当时在圣玛利亚求学并担任学生会主席的俞庆棠立刻响应，和各校代表一起集中在海格路（今华山路）复旦公学，组织“上海学生联合会”，发表宣言，决议罢课，组织游行，上街演讲。“六三”以后，这位瘦小的“闺阁千金”，更冲破学校禁令，带领女同学，清早背着竹筒走上街头，边宣传边募捐，鼓动商人罢市、工人罢工，“奔走呼号，忍受劳苦，常在众人之先”。这以后，她又积极参与筹备全国学联，并被选为上海学联代表，出席全国学生联合会。在筹备会议和成立后的评议会上，俞庆棠总是“侃侃发言，每能切中肯綮，扼要不烦，态度沉毅而恳挚，为各校学生代表所折服”。俞庆棠是“五四”哺育的新女性。

也许是出身教育世家，她对教育独具慧眼。“五四”前，二十出头的她已在校刊《凤藻》上发表文章，提出“立国于物竞剧烈之时代”，必须“普及教育”。“五四”以后，她更认识到“单靠学生的力量是不够的”，要以“教育唤醒民众”。她决心到“新大陆”去学教育。

1919 年 8 月，俞庆棠典卖了准备结婚用的金饰，在兄长资助下赴美留学。她先后进哈佛大学、哥伦比亚大学研究社会学和教育学，受业于杜威博士和克伯屈博士。她勤奋

1919届俞庆棠

邓颖超为俞庆棠题词“纪念人民教育家俞庆棠先生”

学习，用两年时间修完大学课程，取得哥伦比亚大学师范学院学士学位。她身在异域，心系祖国；担任大学中国学生会会长，常和中国留学生议论国事，发表《毋忘山东问题》这样的政论。

俞庆棠虽是杜威弟子，但并不受其束缚。杜威的学说“教育即生活”曾被西方奉为教育经典，而俞庆棠在以后的教育实践中却发展了其理论，说：“学校生活不过是生活的一个阶段”、“现行学校教育，绝不能代表终身的过程。教育的最大功能，只有将整个生活，继续的予以指导。”提出了“生活即教育”这一新命题。

杰出的社会教育家

1922年4月，俞庆棠和未婚夫唐庆诒（国学大师唐文治长子）一起回国，在无锡结婚。婚后，俞庆棠任江苏省第二师范教师和上海大夏大学教授。执教之初，她就发现旧中国教育的弊端：“中国的教育，只顾到一部分学龄儿童，踏进学校大门的，在城市都是中产以上的子弟，在乡村大都是地主的子弟。至于劳苦大众和他们的子女，绝大多数被拒于学校大门之外。”于是，这位洋溢着“五四”精神的人立志要为民众办教育。

1927年6月，俞庆棠被聘任为第四中山大学（后改中央大学）教授兼扩充教育处处长，受命规划江苏省社会教育事业。她提出大力推行民众教育的主张，说“民众教育是失学的儿童、青年、成人的基础教育，也是已受基础教育的继续教育和进修"，是全民"前进和向上"的教育。俞庆棠表示这是受了孙中山"必须唤起民众"的启示，"遵循总理遗嘱"。

1928 年 3 月，为了培养民众教育师资，她在苏州创立了中央大学区民众教育学校，亲自拟订学校章程并兼任校长。为了供师生实习研究，她在无锡先后创设民众教育实验区、工人教育实验区、民众图书馆、农民教育馆、民众教育学院等实验单位。在俞庆棠积极规划、统筹组织下，江苏的民众教育一时声势很大，成效卓著。至 1929 年，全省竟办了 1341 所民众学校，310 所民众教育馆，82 所农民教育馆。1932 年，她联合全国社会教育人员，成立中国社会教育社，有一千余社员，分布于全国 21 个省、市与欧、美、日本等国，她被选为常务理事兼总干事。在俞庆棠倡导下，民众教育由江苏省向全国推行，她被誉为"民众教育的保姆"。

1931 年"九一八"事变后，各地学生纷纷组团赴南京请愿。事后，当局勒令请愿学生悔过，俞庆棠挺身而出，当着"上峰"的面慷慨陈词："要求抗日有什么错？ 难道要学生甘心做亡国奴？ 请愿学生没有什么可悔过的，倒是首先要求别人悔过的人应该悔过！"领队郭影秋被捕后，俞庆棠又挺身出面营救，终于使其获释。

1935 年，北京的"一二·九"运动迅速波及全国，12 月 26 日夜，赴南京请愿的上海学生在无锡车站被宪兵扣押。俞庆棠立刻领了一批教育学院学生带着食物上车站慰问，第二天上午她集合同学大声疾呼："不能不闻不问了，作为学生应该团结起来，去拯救受难同学！"她一把火，使学生热血沸腾，学生们不顾校方阻挠，从各边门整队出发，冲向被扣押的上海学生住地中南大戏院。社会实践，使她对中国社会的认识较之在象牙塔里做学问的知识分子具有无可比拟的深度，她曾沉痛地说："民众教育工作者一点一滴的努力，成效是有的，可是抵挡不住帝国主义的侵略、封建势力的压迫，一点一滴的成就，帝国主义的势力一冲进来，全都完了。我这么多年来工作，感到这是个社会制度问题啊！"

1936 年 10 月 19 日，鲁迅先生逝世。她冲破重重障碍，在无锡参加共产党领导的追悼会筹备工作。她撰写挽联："不做空头文学家，死者是用铁笔铁肩，挑过解放民族的担子；要作真心革命者，活人应拿出赤心赤血，赶走压迫中华的敌人"挂在了鲁迅遗像两旁。

1936 年，俞庆棠率先创设电化教育专修科，并指导师生摄制抗日电影《五十六年痛史》，到各地巡回放映。1938 年 5 月，她应邀参加庐山妇女谈话，结识了邓颖超，她的《开展后方妇女生产工作》的发言，受到邓颖超的好评。

中国社区教育的先驱　民众教育的楷模

1945 年 10 月，俞庆棠怀着推进民众教育的满腔热情，担任了上海市教育局社会教育处处长。她创办了成百所民众学校。亲自动员附近居民到校学习，在上海市立实验民众学校（现上海市静安区业余大学）上午开设儿童班、下午设妇女班，晚上设成人班，共有 1700 余人。俞庆棠组织师生一边上课，一边建设校园。课余，组织学生参加丰富多彩的文娱活动，唱歌、跳舞、排戏。父子、母子，乃至祖孙同校的情况在这所学校并不稀奇，群众称它是“为我们贫苦大众办的大民校”。1946 年，著名教育家叶圣陶参观学校后，赞扬说：“如是学校，在我国属不可多得矣。”

在该校师生中，有的是共产党员和革命青年，他们利用推广民众教育的机会，积极进行革命活动，使这所学校成为培养革命干部和进行革命活动的重要据点“民主堡垒”。这引起了当局的惊恐，上海市参议会竟然提出撤销实验民众学校的议案。俞庆棠在地下党及社会各界人士和学生家长支持下，团结全校师生进行护校运动，她说：“实验民校是决不允许撤销或改组的，我决不辞职。即使撤销或改组的命令下来，我也不走；除非那些老爷们用警察来把我赶走。”上海市市长吴国桢和教育局长李熙谋邀俞庆棠吃饭，对她进行威胁利诱，软硬兼施，她绝不屈服，说：“庆棠以身殉校，在所不惜。”由于全校师生坚决斗争，终于保留了这所学校，她被称为“民教之母”。

1947 年，俞庆棠出任联合国科教文组织中国委员会委员，她办民众教育的成绩蜚声中外，她开发地区教育资源，“教育社会化、社会教育化”的实践和理论，证明她是我国社区教育的先驱。

为人民教育事业鞠躬尽瘁

1948 年，俞庆棠赴美考察基本教育，并再次进哥伦比亚大学研究教育。1949 年 5 月，她收到中华全国妇联电报：“外婆祝寿，欢迎你回来参加。”俞庆棠异常兴奋，因为她明白这是中国共产党让自己赶回去出席新政协并参加开国大典。虽然其时她腹瘤手术后体力尚未恢复，但仍然成行。俞庆棠在北京参加政协会议后，周恩来找她谈话，希望她留在北京担任教育部社会教育司司长，她爽快接受了任命，并表示："愿意加紧学习，努力为人民服务。"

1949年10月3日，俞庆棠到教育部任职。她全身心投入工作，认真主持草拟1950年的社会教育规划，准备开展全国规模的社会教育事业。她不顾自己患有严重的高血压病，经常从早工作到晚。当年12月4日是星期天，她自感必须就医，但白天还是去参加了中华职业教育社、理监事会议，晚上还和钱俊瑞副部长讨论社会教育问题。10时半就寝，终因辛劳过度，半夜患脑溢血逝世，终年仅52岁。

俞庆棠逝世后，周恩来总理亲自到教育部向她的遗体告别。董必武、陆定一亲自到教育部吊唁。北京、上海、无锡、苏州乃至纽约都为她举行了追悼会。在上海静安区业余大学成立了"俞庆棠校长纪念室"。

1985年，全国政协主席邓颖超为无锡"俞庆棠先生纪念室"亲笔题词："纪念人民教育家俞庆棠先生。"在上海静安区业余大学校园内建立了"俞庆棠先生塑像纪念碑"，在原教育大楼墙上嵌有雷洁琼副委员长题写的"社区教育基地上海市实验民众学校"的纪念碑匾。雷洁琼题词："学习俞庆棠先生致力民众教育的献身精神。"赵朴初题词："学而不厌诲人不倦为人民教育事业鞠躬尽瘁。"

民众教育家俞庆棠的光辉业绩，她的服务精神和牺牲精神将永远留在人民的心中！

节选自上海市静安区业大"俞庆棠纪念室介绍词"

振华《民众教育之母俞庆棠》

情可倾 心诚尽

——记1920届桂质良及其一家两代八人与圣玛利亚女校的缘分

市三女中2015届 张俐旸 叶佳乐

一个人并不一定需要石破天惊的振臂一呼，也并不求扎根在逝去的长河河底又冲刷过今天的社会文明，在自己的时代潜心做好自己平凡的一份事就已成非凡。

随遇而安+独到眼光=医学开创

在教会学校深入推崇新思想和新科学，文学青年提笔挥毫的年代，桂质良也因对文学的兴趣而在大学修读文学。彼时母亲期望家中六个孩子能有一学医，而两位长姐已婚，另两位长姐已学成教授英文，唯一的兄长则攻读物理，安身的安身，专于学术的也都有了一席之地。桂质良从医算是尊崇母亲意愿，也是凭着逐渐深远成熟的眼光对社会略窥一二，她的关注点，为自己的前景和中国医学领域的发展创出新的一隅。

上世纪20年代初的中国沉陷在一片混沌中，医学发展缓慢，许多领域的医疗技术尚未开拓，更谈不上完善和先进。百姓生活在贫困中，遭受饥饿和病痛煎熬，太多的人因疾病而失去生命，也有些人因精神受挫而被家人和社会鄙弃，被归于另一群类，处境更悲惨，就像灾难后存活下来的人被截去四肢。桂质良洞见人心浅薄的悲哀，又鉴于此时有关精神疾病的防治在当时几为空白，于是决定潜心向这一领域开拓——研究精神病学。

平凡艰苦背后的一生心血所付

1921年，她以全国第一的成绩通过清华大学出国留学生考试，赴美国 Wellesley College 就读。1925年桂质良女士因成绩卓著，荣膺学校授予的象征“开启智慧大门”

桂质良1929年在美国留学期间

的纯金钥匙，并考入美国Johns Hopkins大学继续深造，开始学习精神病学，到1929年毕业时获医学博士学位。1930年与闻亦传结婚，婚后即回国。1931年长女闻玉平出生，三年后第二个女儿闻玉梅出生。

之后的生活却是多舛的。1939年，丈夫闻亦传教授因劳累过度去世。其时桂质良正当四十盛年，家庭生活却落得艰苦，甚至难以为继。她为生活努力奔波，除做医生外，还到处兼职。1941年她回到上海在沪江大学任校医，并在伯特利医院（现上海交通大学附属第九人民医院）任儿童心理医师；还私人开业，又到工部局任兼职医师；还在圣玛利亚女校授课，之后再进入上海东南医学院担任教授。1942年，出版了最早的儿童心理卫生英文专著 *Our Child and His Problems*。1949年东南医学院内迁至安徽怀远县，后迁至合肥，改名安徽医学院（今安徽医科大学）。她每隔半年一次从上海到安徽怀远讲课，极为繁忙。1953年，桂质良教授进入国家教师编制，成为第二军医大学三级教授，专职讲授精神病学及儿童青少年心理卫生。

精神科的专家 至善的拥护者

没有两个人的病一模一样，也正由于每一种病在不同人身上表现都不同，便需要医生仔细观察，用心诊断和对待每一个病人。而精神病学医生的医治对象又相对特殊，自然更需要耐心。桂质良教授每当感觉到自己的所作是为人所需要之时，就会很满足。

在我国精神科发展史上，桂质良是第一位女性精神病专家、第一位儿童精神病学和心理卫生专家；是第一个出版精神病专著的专家；也是第一个赴美留学精神病学，继之回国后开展精神科工作的专家。她对精神病学的重新阐释也让社会对精神病患者更了解、更关注、更关爱，她也是至善的拥护者。

热忱寄希望于世代承续中

桂质良与闻亦传结婚照

闻玉平教授告诉我们，母亲桂质良是实实在在的爱国情切。去美学习精神病学继而回国开展精神科研究和教学工作，在 1937 年“九一八”事变后，她加入了北京女青年会组织，每日送慰问品，甚至自发地赶赴前线。多少事例也说不尽她的爱国情怀。

值得一提的是，当女儿闻玉梅在美国威尔斯廉女子学院档案馆查询到，母亲二十年代发表在美国报纸上的题为《中国内战，不要外国插手》的檄文，文章中写道，“中国人的事情，就应该由中国人自己解决，自己站起来，不要拐杖”。她被母亲的爱国热情深深打动，进修期一满，便匆匆回国，全心全意投入医学教学、科研工作，着重培养高层次人才。她说 :“我和同龄美国人无法竞争，但我的学生将来能积极参与。”

我们总会发现，正直的知识分子最爱的词汇里永远有“爱国”这一个。他们的祖国或许不能给他们最好的福利，他们的生活或许并不如发达国家那样优越，他们国家的科技和教育或许还相对落后令人堪忧。可他们最终都毅然决然地回到祖国，因为他们深知：“今天幸福的日子是过去多少人牺牲才换来的，要好好珍惜，努力工作，要让明天更美好，就必须致力于培养青年人，他们是祖国的未来与希望。”他们因此坚定了决心。所以我们更能相信，我们的未来会在世代承续中，更好。

从圣玛利亚走过的两代八人

闻玉平医生说，她们家有两代八人都与圣玛利亚女校有缘，即她的妈妈 1920 届桂质良，她和她的妹妹 1951 届闻玉梅，及其大姨妈 1904 届桂月华（我国著名学者王元化的母亲），二姨妈 1911 届桂质玉，三姨妈 1916 届桂德华，以及 1947 届的表姐傅美利和 1952 年初二的表妹刘莺（分别为两位姨妈的女儿），均为圣玛利亚女校校友。其中她妈妈和三姨妈桂德华还曾是圣玛利亚女校教师。她妈妈上世纪四十年代在母校任教，那时学校在圣约翰大学的斐蔚堂里，前面的大草坪上有一棵巨大的樟树，桂质良教授担任 1947 届班主任，和全班同学一起在大樟树前合影。桂质良的父亲是牧师，当时在武汉也

桂质良教授和她的两个童年时的女儿

1956年母女三人（摄于桂质良去世前2个月）

有女校，在其父眼里却以上海的圣玛利亚女校为最好。

闻玉平现为天津铁路医院口腔科主任医师，闻玉梅为中国工程院院士、复旦大学上海医学院教授、病原微生物研究所顾问，教育部、卫生部医学分子病毒学开放实验室学委会原主任。

我们可以看到，并非所有人最后都能成为大家，去影响商界学界甚至一代人，可每个人都在自己生活的那个年代，热忱地爱着自己的生活，踏实地做着自己平凡的一份事，从教或从医，奔忙或持家，都同样在艰难困苦和安稳幸福中有梦有作为地生活着。想必这也正是年少时光教给她们的，最有价值的勇气、坚定和爱。

由于是电话采访，细节处大多难以留墨，只是从闻玉平教授的讲述中感受到了两代人的生活缩影和精神所立。借此对所有为祖国奉献的人们道声感谢。

逝者如斯，而未尝往也

——记 1925 届校友章德馨

市三女中 2015 届 林子倾 汪嵘

岁月的溪流毫不偏私地自每一个生命间缓缓淌过，却又以其独有的波痕为那些值得铭记的成就打上恒久的印记。章德馨老师离开我们已有 37 个年头，她创建的上海交通大学医学院（原上海第二医科大学）病理生理学教研室，仍年复一年创造着令国内外同行瞩目的成就。其作为教师，学者，长辈的身姿风采，都永远镌刻在与其接触过的人们心中。

学期末，接到采访我校 1953 届学姐李蘅的任务，了解我校 1925 届校友章德馨老师的事迹。接到任务后，我们觉得特别有压力，不知道该用电话还是邮件采访。犹豫再三，才给李蘅学姐发去邮件，没想到，将近 80 高龄的李蘅学姐很快回复了，她向我提供了一些章老师的资料，并向我推荐了留美的王丽天教授、周思伯医师及其夫人董佳玲老师（章德馨老师的外甥女），于是，怀着忐忑，我来到了周恩伯医师家，对他及其夫人作了采访。

章德馨1925年圣玛利亚女校毕业照

章德馨教授，1925 年在上海圣玛利亚女子中学及其琴科毕业。1943 年以优异成绩在圣约翰大学医学院获医学博士学位。本为妇产科医师的她，院系调整后担任上海第二医学院副教授，后被派往北京随苏联专家学习病理生理学，是当时第一批研习病理生理学的中国医学家，回校后即在二医创建病理生理学教研室，并担任副主任和主任，在讲授病理生理学的同时开展基础科研。该教研室一直保持先进教研室称号，至今已形成以学科建设带动人才培养，

1943年章德馨从圣约翰医学院获博士学位

教学、科研及国际交流的全面发展格局。

每每提及交大病理学生理研究室，章教授的名字定会自谈者口中道来。经岁月的激流冲击下仍遗留至今的铭记，算不算是一种永生？

据周医师回忆，那时的教科书，乃直译苏联课本，翻得极生硬，蒙头拜读，也许一整夜都未必理解多少，然经章教授讲授，“上课好好听了，回去看一遍笔记就基本过了”，正是这种生动清晰的授课及其朴素睿智的风采令学生印象深刻，提及章教授的授课，周医师连连强调：“印象至今深刻，章老师的讲课非常清楚。”

“文革”期间章教授受到残酷对待，从五百平方米的花园洋房被“扫地出门”至狭小的木板房，因此一蹶不振不足为怪，然章老师从未有过颓丧自弃，依旧开朗，接受所谓批判。或者，有信念在胸，无论周遭如何，皆可一心为事业奋斗至最后一刻。在那样的压力下，章老师依旧未放弃科研，每每将家中所食蛋黄留下，喂给校中饲养的鼠兔，再解剖对照，是当时首先开始关注并研究动脉硬化的医学家。

章老师凭其执著的科研精神、开朗谦和的态度及精湛的授课方式，在二医本部赢得极大威信，“文革”时，她患乳腺瘤，在工宣队进驻压力下，两名主任医师仍自发为其手术，后招致工宣队调查，依然不顾压力乃至危险全力为其救治，对章教授的敬重可见一斑。

章是家中长女，与其兄弟姐妹感情极好，尤在健康方面给予家人极大帮助。据周医师夫人回忆，章总是耐心带着笑容解决大家的难题，热心为每个家人四处奔波，照顾无微不至。“我在高中患病高烧不退，医生都查不出病因，”周医师夫人回忆，“是姨母为我奔波请教，终找出病因，救了我一命。”不仅如此，其待丈夫前妻所生子女皆视若己出，与他们的关系十分亲密融洽且严格要求，这可谓作为继母最难做到也最为可贵的。在其严格教育下，三个子女皆学有所成，取得令人瞩目成就。

经历这次采访，“永恒”两字在我心中经久回荡，每个存在终将没于岁月长河，消逝无踪，然亦总有一些痕迹有所遗留，证明我们的存在，章老师即如此。其留下的所有成就、精神皆为永恒，历久弥新。

逝者如斯，而未尝往也，恒久如卿，始知“永恒”，绝非虚谈。

附：章德馨老师亲属怀念母亲

怀念母亲章德馨(章继高[①])

母亲离开我们已经整整37个年头了，但她的高尚形象，谆谆教诲却经常在我的脑海中出现。亲爱的母亲，我真想念您！

母亲对子女严格，但总是和颜悦色，耐心引导和鼓励。自年幼时她就培养我们的勤俭意识以及不挑食、不浪费的好习惯。每次吃饭她要我们先安排好饭桌、筷子碗碟，提醒饭桌上的礼仪。她要我们学会做家务劳动，如整理和打扫自己的房间，洗自己的衣袜等。她不随便给孩子零花钱，我们的零花钱是要做家务劳动才能获得，因此我们都曾是地板打蜡的能手，自小我们就懂得不劳而获是可耻的。母亲出身名门闺秀，但她厌恶奢侈挥霍，她要求孩子衣着清洁整齐，纯朴大方就可以了。她强调人的内在美才是真正的美。

母亲宽厚仁慈，乐于助人。在旧社会穷人看不起病，她深感不安，曾在上海石门路(北京西路附近)租房开设一个贫民诊所免费为贫苦人民看病，并免费提供所需药物。就这一事在“文革”中被批斗，其罪名是“反动资产阶级行贿无产阶级”。

“文革”期间她的工资被扣押，银行存款被冻结，每月只发50元生活费给她，但她毅然分一半来照顾比她更困难的亲戚，这些在我心中留下深刻的烙印。

母亲热爱祖国，具有中华民族优良传统的美德。求学时代她有出国留学深造的条件，后来又有举家出国的机会，但她对新中国抱有极大的信心，毕生在上海工作没有离开祖国。她认为孩子们应当加强中国文化、历史的教育，因此每逢假期她特请圣玛利亚女校语文老师薛无竞先生(爱称薛老老)来为我们补习语文，讲解《古文观止》及其历史背景。可是我们贪玩，没有努力学好，真是可怜天下父母心。

母亲一生不断学习，努力追求科学真理。她跟据国家需要确定自己的奋斗方向。在上海第二医学院工作期间，服从组织安排到北京医学院跟随苏联专家进修“病理生理学”。当时她已年逾五十，为了提高学习和交流效果，她自学了俄语，进修结束后回医学院创建了“病理生理学教研室”开始教学和开展科学研究。她长期研究高血压的形成机理，精益求精。“文革”时被定为“资产阶级反动学术权威”和“特务嫌疑”，受到残

① 章继高：北京邮电大学教授，博士生导师，创建电接触科研室，任电接触学会主席达10届，为国际电接触顾问委员会委员。在国际、国内学术刊物上发表200余篇论文，曾获得国家自然科学奖，国家科技进步奖，北京市和全国优秀教师奖。2007年获美国IEEE Ragnar Holm 科学成就奖，为首位华人科学家获得此终身奖。

凌励立、章德馨1953年下乡参加血吸虫病防治工作

酷批斗和无情对待。平反后学校又让她研究癌症，当时她自己已经得了癌症，但她仍然接受任务，直到她病在医院床上，仍然关心研究的进展。母亲的勇往直前，不畏艰难险阻的坚强性格是我一生的学习榜样。

当母亲病重时，我正好要出差到上海开会，因此向系主任请假数天顺便去看望重病的母亲，系主任同意了我的请求．我到上海医院时母亲非常高兴，病情显见好转，但会议刚结束时我突然接到学校电报“要事速归”。我以为学校确有紧急而重要的事要我回去办理，我只得如实告诉母亲，她知道后没有一点怨言竟然点头同意了，我只好忍着眼泪赶坐当天火车回京。那时火车时速很慢，要走2天1夜。抵京后我问系主任什么“要事”，他说，工宣队(毛泽东思想宣传队，当时领导学校斗批改)说你是因公开会，现在会议已经结束，车费由公家报销，从现在起你可请假回上海，这是你的私事，要公私分明。我非常气愤，但只得立即又搭乘当天火车赶回上海。在医院里母亲已进入弥留状态，由于我的突然离去使母亲的病情急剧恶化。我不断呼喊："娘，我回来了，我回来了。”但她再也没有清醒过来，永远离开了我。这件事令我耿耿于怀，终身难忘，后悔不已。

自幼母亲就教育我要为人忠实，不能骗人，不说假话，不能欺压别人。我长大后她要我为人正直可靠，不务虚名，这些教诲深深影响了我一生。我原信人之初性本善，但我现在也相信人在后天也会变恶。

我的工作事业都以母亲的精神为榜样，克服各种困难，在科研和教学上曾获得国家自然科学奖和全国优秀教师奖，国际上我获得美国 IEEE Ragnar Holm 科学成就终身奖（首次华人获得此奖）。2013 年我应邀为美国 IEEE 一部专业教科书和主要参考书 *Electrical Contacts, Principles and Applications* 写其中第 4 章“尘土微颗粒对电接触故障的影响”，该书由十几位著名美国和欧洲科学家共同编著，我是唯一的华人应邀参与，为祖国和中华民族赢得荣誉。母亲啊，我还要告诉您，您的两个孙儿已长大成人了，在十年“文革”中也随我们下放河南，广东劳动，吃过苦，没能上学，只得自学。“文革”后大孙儿考上清华大学，毕业后赴美国留学，成为一名高级工程师。小孙儿继承了您的事业毕业于北京医学院现已成为北京大学第一医院的一名副主任医师。母亲一定感到欣慰的是，您的精神财富已得到了传承和发扬。亲爱的母亲，您安息吧。

忆母亲（圣玛利亚女校 1952年高二 李蘅[①]）

在我的中学时代，有一件事给我留下的印象特别深刻，那就是每天下午放学的时候，总有一位优雅和蔼的女士走进圣玛利亚女中的校门，她的风度令人瞩目，她就是章德馨老师。同学们见到了她会异口同声地叫着：“蔡德民，你妈来接你了！”德民是我同班同学，又是同窗数载的知己，在我心中有说不出的羡慕，她有这样的好妈妈。

当我成为章老师的儿媳时，可惜她已经走了，后来得知她又是 1925 年圣玛利亚女中琴科毕业的，是 Miss.Mitchell 琴科主任门下的学生，可想她是多么的优秀。每当我在练琴的时候总有一个幻境，如果可以听到她的琴声陪伴着我们，那有多好。她的坎坷人生在动荡时代受到无数次冲击和无情迫害，但她仍坚持工作，努力科研创新。可惜她走得太早了，没能享受到一个安宁的晚年。妈妈，我们永远怀念您！

---

① 李蘅：美国伊利诺依州立大学硕士，专攻图书馆与信息科学，为该校副教授并任伊大图书编目部丛书/继续出版物主任。1991年应聘为香港科技大学图书馆第一任编目部主任，1999年退休。著有*Dictionary of Library and Information Science*（图书馆与信息科学） 英汉汉英对照辞典，1985年出版；*Serials Catalog Handbook, An Illustrative Guide to the Use of AACR and LC Rule Interpretations* 第一部，1989年由 American Library Association（美国图书馆学会）出版文献，第二部于1998年出版。

怀念母亲柳无非

陈君石[①]　朱文佼[②]（圣玛利亚 1952 届）

母亲柳无非 1911 年 3 月生于江苏吴江黎里镇，是著名爱国诗人柳亚子先生的长女。12 岁时从黎里镇小学毕业后，被开明的父亲送到上海圣玛利亚女中接受现代西方教育。由于年龄小，读的是住校小囡班，由高班同学照顾生活。短短 4 年间（1923～1926），她从一个乡镇小孩，成长为大城市少女。1927 年“四一二”事变，她跟随被通缉的父亲东渡日本，在异乡亡命一年。1930 年从上海大同大学文预科毕业，远涉重洋，赴美国留学，就读于罗林斯大学、史密斯大学。其中圣玛利亚女中的教育显然是她成长过程中的重要环节。期间曾参加新南社在上海的聚会（1924）、“五卅惨案”游行（被校方阻止）的准备。在反对军阀段祺瑞大会后参加示威游行，因队伍被反动军警马队冲散，跌倒在地，头部受伤。

母亲于 1933 年间自美国回上海后，结婚、抚养子女，主要充当家庭主妇角色，也参加了许多社会活动。抗战期间，父母亲辗转香港、桂林、重庆，她全家一直留居日寇铁蹄下的上海，冒着风险守护家园。

直到“文革”后，母亲逐渐投入社会活动，包括担任中国妇女第四次全国代表大会代表（1978）；第五、六、七届（1979、1983、1988）全国政协委员，其中第七届全国政协会议与儿子陈君石同时参会，传为佳话。1990 年后，虽逐渐年老体衰，仍担任中国民主促进会中央委员、参议会委员、妇女委员会主委、中国南社和柳亚子研究会副会长。82 岁高龄时，远渡重洋重返阔别 62 年之久的美国佛罗里达州罗林斯（Rolins）母校，受

① 陈君石：柳无非儿子，营养与食品安全专家。中国工程院院士。中国医学科学院研究生毕业。现任中国疾病预防控制中心营养与食品安全所研究员。

② 朱文佼：北京医学院口腔系毕业，中央民族大学校医院医生，陈君石夫人，婚后一直和柳无非同住。

到校方隆重接待。柳无非家学渊源，喜好旧体诗，留下百余篇未发表的旧体诗和数十篇新体短文。《菩提珠》是她和舅舅柳无忌、姨妈柳无垢共著的散文集，留下了她们的童年记忆。

母亲晚年，在满腔热忱参加各种社会活动的同时，努力工作，推动南社与柳亚子研究。外祖父逝世后，与姨妈柳无垢选辑的《柳亚子诗词选》于 1959 年由人民文学出版社出版，该书由何香凝题签、郭沫若撰序。这是建国后出版的第一部《柳亚子诗词选集》。1989 年，她们兄妹合著的回忆录《我们的父亲柳亚子》由中国友谊出版公司出版。其中，母亲撰文 13 篇。《复壁一幕，宛在目前》一文，以亲历者身份，记述了“四一二”政变中，反动军警去黎里周赐福堂搜捕柳亚子的详实情景。《廖、柳的通家友谊》一文，则回忆了柳氏一家与廖仲恺、何香凝及廖承志、廖梦醒一家，在各个历史时期及建国后延续数代

1921年在江苏吴江家中，父亲柳亚子、柳无非与妹妹柳无垢

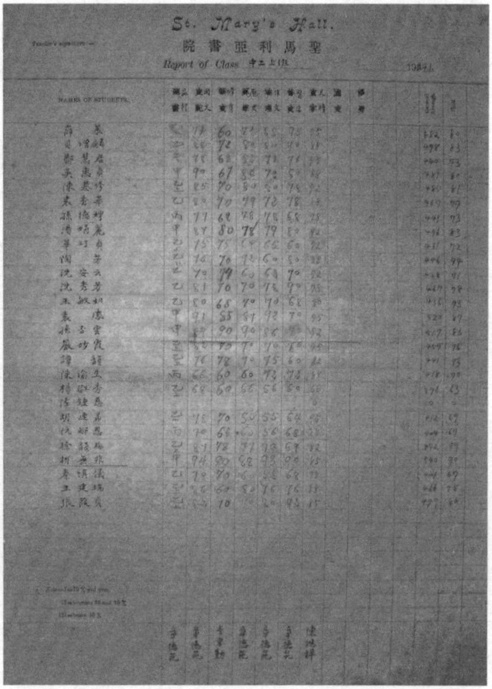

St. Mary's Hall.
院書亞利瑪聖
Report of Class

1924年柳无非在圣玛利亚女校初一年级时的成绩单

1930-1931年柳无非在Rollins College

上世纪60年代柳无非与陈君石、朱文佼在华侨公寓

的深厚友谊。1994年，篇幅浩繁的《柳亚子文集》七集九册全部出齐，作为编委之一的母亲，在历经十余春秋操劳后，给读者和研究者奉献出了这部名垂中国文学史册的煌煌巨著。

1996年11月12日母亲参加孙中山先生诞辰130周年纪念大会，写下一首诗：

革命先驱孙逸仙，推翻帝制两千年。　中华民国欣成立，一扫尘霾面貌鲜。

联俄联共扶农工，合作齐图国运通，　遗志继承由我党，中华民族展雄风。

表达了她的政治理想和对革命先驱者的怀念。

2004年4月14日春雨淅沥，我们的母亲柳无非走完了人生的最后历程，在一片宁静中驾鹤西去。她以93岁高龄走完了不同常人的一生。

女子教育家薛正的世纪历程

中西女中 1947 届 周瑞珍

上海市第三女子中学终身名誉校长薛正是我国著名的女子教育家。她 84 岁加入中国共产党,1995 年 94 岁时因病溘然辞世。她的铜像矗立在学校大礼堂的前厅内。铜像揭幕时,时任上海市委副书记陈至立来信祝贺：薛正同志几十年来呕心沥血，为培养祖国建设所需要的人才作出了突出的贡献。她的风范、她的品格，永远为后人所仰慕和尊敬。

上海市第三女中前身是中西女中和圣玛利亚女中。中西女中原名中西女塾，曾是蜚声中外的宋蔼龄、宋庆龄、宋美龄的母校。薛正 1926 年毕业于圣玛利亚女中，1932 年到中西女中任教导主任，1936 年起任校长，从教半个世纪之多，把毕生精力献给女子教育事业。

献身教育　矢志不渝

薛正 1901 年 3 月诞生于江苏省无锡市玉祁乡礼社镇。正值清末，开明的父母让薛正六岁就上了私塾。由于那时女孩不能读书，她只好女扮男装去上学。这在她幼小的心灵里为日后从事女子教育埋下了种子。

1918 年起她就读于上海圣玛利亚女中。年轻的薛正在文学方面已崭露才华。她曾是中学年刊《凤藻》的中英文编辑、主编，还发表不少诗文。仅存两首诗可窥见她当时的思想。一首写于 1921 年，是勉励自己勤学的。另一首题为《夜冷灯昏风雨骤至纵笔写此百忧如结》:“……残灯闪案头，置书无心观。堂堂中夏国，祸乱起百端。强邻方宰割，内讧犹未安。伤哉一泓水，纷纷成波澜。我欲洗兵甲，挽彼甘霖难。瞿然念来日，

1926年薛正从圣玛利亚女中毕业

四顾摧心肝。”当时正值军阀混战，内忧外患之际，从中可见薛正当时忧国忧民的思绪及对国事的关注。

1919年“五四”运动大爆发，薛正和同学一起，上街演说，反对辱国丧权的《巴黎和约》，呼吁各界捐款支援北京被捕的学生。这是她第一次从学校走向社会，置身革命运动的洪流，薛正受到了爱国思想的熏陶。

怎样才能为国做贡献呢？年轻的薛正选择了教育。这个选择违背了父亲的初衷。她父亲原本想让她学医，因为看到国人缺医少药死去，十分可惜。可薛正认为：医生治病，救的人有限；当教师育人，发挥的作用更大。父亲对她学教育有些失望。薛正为此给父亲写信：“一个人能力再大也是有限的，毕其一生对国家的贡献也是微乎其微的，而通过教育可以培养出成千上万有用的人，他们的能力加起来对国家的贡献就大了。”薛正在青年时代立下了通过从事教育贡献国家的志向，从这以后七十多年，矢志不渝。这句话已镌刻在为她所立铜像的底座上，永远教育鼓舞着千千万万的后人。

薛正上燕京大学读教育专业。毕业前，她收到“燕大女部助理”、“燕大图书馆编辑”和“上海中西女中教导主任”三份聘书，她反复考虑，走进了中西女中的大门。

中西女中是美国基督教卫理公会创办的一所学校。薛正就任教导主任时，发现所有的课本一律是英文，连中国历史、中国地理也用美国人编写在美国出版的课本，而且由美国老师教。这些课本中有“抽鸦片”、“缠小足”、“长辫子”等丑化中国人的内容。校方规定学生英文不及格不能毕业，而中文不及格却可以拿到毕业文凭。富有爱国心和责任感的薛正对此当然不能容忍。但当时的学校是由美国教会的代理人美国顾问控制的。

在这样的环境中，薛正努力改革教学内容。她首先考虑加强中文教学，聘请了一批中文根底深的教师，尽可能提高学生的语文水平。她自己亲自教历史课，教育学生以史为鉴。当时学校音乐课是由美籍教师教英文歌曲，老师指导学生演的短剧也多是莎士比亚戏剧片断或欧美文学名著改编的片断。薛校长认为：中西女中学生不仅要了解西方文化，更应通晓祖国文化。由她导演，组织学生第一次在中西女中演出了中国现代剧《一片爱国心》。以后学生又演出过曹禺的《雷雨》，郭沫若的《孔雀胆》、《棠棣之花》、《屈原》等名剧。

她为了在教育上争取更多自主权，出面聘请五至七名中国教师组成校政委员会，每周一次例会讨论校政，在一定程度上抵制了美国顾问的控制。

抗日战争爆发后，特别是1937年“八一三”淞沪抗战后，师生爱国热情高涨，音乐老师教唱抗日救亡歌曲。薛正时任校长，组织学生走出课堂，到租界为十九路军包扎伤员。一大批中西女中学生参加了抗日救亡运动，还有些学生到了抗日前线。

1947年薛正任中西女中校长时

1941年12月太平洋战争爆发，第二年春美籍教师被日寇送进集中营。这时美国基督教卫理公会华东区负责人邀请校长、家长代表和校友会会长参加学校董事会紧急会议，讨论中西女中今后的前途问题。美国方面认为，最好的办法是解散学校。薛校长坚决反对这种对学生不负责任的作法。她和学校董事长、校友会会长和家长代表一起，据理力争，为了不让学生辍学，一定要把学校继续办下去。最后，美方教会负责人只好同意这个意见，但申明：今后美国教会对学生安全不负责任。那一段时间，中西女中就由中国人自己组织的校董会主持校务。薛正校长明知在日寇占领下办学，校长的责任和面临的形势比过去任何时候都严峻，但她毅然挑起了这副重担。

一直虎视眈眈想吞噬中西女中美丽宽畅校园的日寇，终于下手了。1943年夏，学校接到日军“征用”校舍作为“陆军第二病院”的“通知”。为了保护学校，薛校长不顾个人安危，亲自到“日本陆军司令部”交涉六次，结果日寇还是强行要学校迁到华山路的原英童学校校址，全校师生闻讯，无比悲愤地抢运图书和用具。这时日寇已武装占领了学校，当最后一车装满图书的卡车开出校门时，日军拦住卡车要检查，此时下起了雨，眼看满满一车图书就要淋湿。薛校长把身上的雨衣脱下来盖在书上，顿时，几十件雨衣从师生身上脱下，把图书盖得严严实实。日军叽哩咕噜一阵后，终于挥手放行。薛校长和师生随车走出校门，回首向校园告别，泪水不禁伴着雨水默默地流淌。

临时的校舍，教室不够学生上课，只得全部改为走读，每天半日制上学，途中常遇上日军封锁，往往要在路旁等上半小时甚至一个多小时。日军还派来一名军官，名义上是教日文课，实际上是来监视师生和行政工作的。在薛校长巧妙安排下，学校各项课程和其他活动按照德智体群（集体活动）全面发展要求，有序进行，大家把对日寇的仇恨深埋心底。

终于盼到了抗战胜利，日本无条件投降。薛校长又多方奔波、交涉，终于收回了校舍。这时校园已被日寇糟蹋得满目疮痍，一些房屋被拆毁，小桥断了，宽阔平整的大草坪被挖成许多坑坑洼洼的泥潭。薛校长以惊人毅力和组织才能全力主持校园修复。三个月后，学生全部回原来的校舍上课，一天也没耽误。薛校长又组织学生参加劳动，美化草坪。

这时重庆的“接收大员”陆续到了上海。国民党一些官员深知中西女中的声誉，纷纷要求让其女儿不经考试入学，薛校长坚持通过考试择优录取。这些自以为是“抗战功臣”的国民党官员却责怪薛正校长太不讲情面，还扬言要接管学校。当时美国顾问也来了，埋怨薛校长办事不灵活，得罪了许多“大人物”。薛校长考虑：父亲为我取名“正”，就是要为人清正，中西女中通过考试择优录取的原则必须坚持，后来这所中学也招收了一些国民党官员的女儿，但都通过考试录取。

这几年是中西女中最困难的时期，面对美国教会、日本侵略军、国民党接收大员的种种压力，薛正校长临危不惧，沉着应付，不但把学校保护下来，而且坚持按学生全面发展的要求办成一所高质量女子中学，这是多么不容易！薛正校长常教导我们诚实、正直，服务、牺牲，她自己正是以实际行动树立了楷模。

薛校长积极鼓励支持为贫苦百姓服务的事例也屡见不鲜，如教数学的张小如老师，原是地下党员，在和组织失去联系后，1944年到中西女中，要求工作。有人见到她穿着太简朴，又不是基督教徒，说她不行。但薛校长认为：只要能教好书，就应当聘她。抗战胜利后校舍收回，但因围墙被损，周围的贫苦孩子常进入校内拾荒，拦也拦不住，张小如老师主动接近他们，教他们认字，还组织他们轮流看守校园。薛校长对此十分赞赏，决定办义务小学，让这些贫苦孩子读书，请张老师担任校长，由女中内优秀的高中或初三学生志愿当“小先生”。由张小如组织“小先生”到贫民区家访，让女中学生接触社会，从中受到教育。为解决义务小学的经费，还组织女中学生义演、义卖，参加为贫苦百姓服务的实践。

随着国民党的日益腐败，上海各校政治气氛也日趋活跃，被称为“象牙塔”里的中西女中也不例外，在学校图书馆订了不少进步刊物，其中包括地下党办的《群众》杂志。许多学生课余时间常到图书馆阅读这些杂志，从中受到进步思想教育。此外，薛校长聘请有造诣的中国教师教唱中国名曲，其中包括解放后在上海音乐学院的杨嘉仁教授。连美籍教师也在音乐课教唱《义勇军进行曲》、《长城谣》等抗战歌曲。同时学校举办演讲比赛，高三学生胡燊伊控诉国民党特务制造昆明“一二·一”惨案的演讲，曾被评为第一名。1946 年底，北京发生了北大女学生沈崇遭美军奸污事件，激起全国爱国学生的愤怒。中西女中学生自治会招集了控诉会，不少学生还签名抗议。在这所美国办的教会女中里，当时纯属罕见。

爱国、敬业、爱党

1940 年，薛正赴美国哥伦比亚大学攻读教育学获硕士学位。1948 年她又得到一笔奖学金，再次赴该校攻读博士学位。期间，校方和教师劝她留美工作，被婉言谢绝。她的博士论文是《如何把中西女中办成初级大学》。她的目的是回国后培养更多中国女青年成为社会栋梁。当年秋天，她患乳腺癌需动手术，在当时条件下，做这种手术危险性很大。入院前她留下遗言：如果手术失败，希望把我的心脏取出，焚成灰送回祖国。

1949 年新中国成立，为了投身于祖国的教育事业，1950 年春她放弃了还有几个月就能获得的博士学位、优越的工作条件和生活环境。几经周折，转辗万里，回到了祖国。轮船到达青岛时，要升起中国国旗进港，船上一名外国水手翘起大姆指对她说；现在中国了不起了。她第一次看到新中国国旗在外国轮船上升起，不禁流下了热泪。

一回到上海，她就到市教育局要求马上安排工作。她很快被任命继续任中西女中校长。两年后，中西女中和圣玛利亚女中合并，成立市三女中，她担任副校长，问她对此有什么想法，她说，只要有利于教育事业的发展，都可以。

1960 年薛正被任命为市三女中校长，除了建立一支精通业务，教风严谨，热爱学生的师资队伍，在外语教学方面保持固有特色，她更加注意全面培养提高学生素质。她常到大食堂和学生一起进餐，了解学生伙食状况，要学生注意营养。她漫步在走廊里，草坪上，带头拾废纸、拔杂草，她要求学生做的事，自己先做。新生入校不久，她往往就叫得出名字。她为人正直，直言不讳。学校里那片被日寇破坏过的草坪，解放后更加平

1984年薛正被上海市人民政府任命为市三女中名誉校长

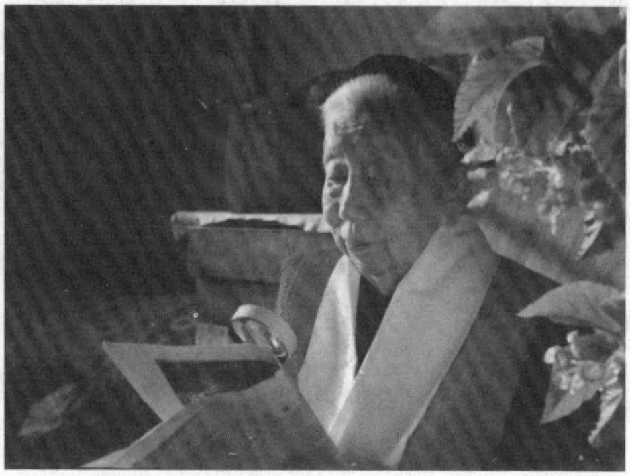

薛正名誉校长九十岁

整美观，一直是学生憩息和举办各种活动的好地方。1958 年大跃进时，学校要养猪种菜，有人主张把大草坪挖掉种菜，薛校长坚决不同意。有人说薛正不关心人，只关心草地。这话被薛校长知道了，她说，我正是从关心学生出发，才不让毁掉这块草坪，没有大草坪，灰沙多了，就影响学生的生活学习环境。

“文革”期间，她人身受到非人摧残、折磨，人格受侮辱，但始终抱定一个信念；活下去，总有一天，我会回到讲台，回到同学中间。不管任何情况，她不讲假话，不诬陷他人。“文革”后有人问她对这段经历怎么想。她说，比如我原来走进一家人家，一直受到很好的招待。突然有一天，这家有人对我很凶，要赶我出去。我就想这不是主人的意思，这家出了坏人！有老师“文革”前去了香港，薛校长后来出国时特意找到她，劝她回上海。该老师怕还会有“文革”。薛正对她说：你不要听谣言，“文革”中的坏事是共产党里的坏人搞的，现在是真正的共产党领导，你回来吧！这位老师终于回上海到大学继续任教。

1972 年薛校长重返教育岗位，这时她已是 71 岁的老人，她以加倍的努力投入工作。上海市三女中的外语教学一直是领先的，“文革”中被严重削弱了。为恢复市三女中外语教学的优势，薛校长又着重抓外语教学，十多年一直坚持听课，参加外语教研活动，和老师一起研究，还曾从香港请一名老师教外语。她的努力取得了优异成果，市三女中的外语教学一直居于全市乃至全国前茅。市三女中的校园、校舍一直整洁美观，令人羡慕。“文革”中被破坏了。薛校长又负责校园、校舍的修整恢复，争取一些海外校友的支持。例如健身房的整修得到了在香港的 1946 级校友蔡诶芳等资助。

“文革”期间市三女中改名为三中，兼收男生。薛正校长是从事女子教育的专家，她对女子教育有独到见地。她认为男女在智力上各有长短，而男女在生理上的区别是明显的，女子教育应当同男生有所区别。对于笼统地讲“男女都一样”的说法，她一直认为不科学。她认为男女生的文化科学知识教育应当相同，除此以外，特别要强调女性的道德教育和必需的家政教育，教育女子如何做好一个新时代女性。除了在业务上发挥作用外，一个女性的道德素养如何，将影响丈夫、孩子及整个家庭以至整个社会。教育好了女性，会影响整个社会。从这个意义上讲，女性的作用大大超过了“半边天”。薛正校长为恢复女中的建制作了宣传和理论准备。1981 年市里决定学校仍改为上海市第三女子中学，并确定为部分寄宿制的上海市重点中学。此后，薛校长和其他校领导更致力于探索女子教育规律，提供优异的成才环境，培养优良女子人才。1984 年 10 月上海市人民政府授予薛正为上海市第三女子中学终身名誉校长。

1979 年，薛校长应海外校友邀请，到美国、香港等地访问。师生久别重逢，分外亲切。有人认为她这次去美国，可能不回来了。可她不但按时回来，还做了不少工作。她向校友和海外朋友作了题为《社会主义中国的教育概况》的演讲，介绍新中国的教育现状和发展趋势，扩大了中国教育在海外的影响。访问期间她参观了各地一些好的中小学，回国后向教育界同行作了多次《美国教育随记》和其他考察内容的汇报。这次出国，她还把中西女中在美国的存款提了出来，买了一部分书，还带回四万美元，一台轧草机。带回的钱物都上交，自己只留了一个小小的计算器，就这还向校党组织作了汇报。

在这期间，薛正先后写了《我所知道的中西女中》、《外语教学改革发展趋势》、《论中国教育现代化》、《针对女性特点，教育造就新一代女性》、《关于成人女子教育》等一系列文史资料和论文。

党的十一届三中全会后，薛正同志除了更加奋力工作，把学校办好外，还积极要求加入中国共产党。薛正同志 1951 年参加中国民主促进会，被选民进上海市委委员、民进中央委员和中央参议员。1954 年起，她当选上海市第一至八届人民代表。六十年代她任上海市长宁区副区长，八十年代担任区人大副主任。党内一些同志把她当作统战对象，或认为她在党外更能发挥作用，所以没发展她入党。但薛正同志一直有参加中国共产党的要求。区教育局一位领导曾找她谈，问她：你原先是基督教徒，是唯心论者，而共产党是无神论，你思想是怎么转变的。她说，解放前我加入基督教是想要救人，但基督教救不了人。解放后看到共产党才能救人民，所以我要入党。她还说过：现在海外的学生，朋友以为我早就是共产党员了。由于她的积极要求和实际表现，1985年，84岁高龄的薛正同志终于加入了中国共产党，实现了她的夙愿。

扶贫帮困

薛正晚年91岁时，志愿参加全国“希望工程爱心行动”，资助了十名贫困地区孩子上学。三年中，她经常给孩子们寄学习用品，写信勉励她们好好学习。

在薛正校长影响下，海外校友积极投入“希望工程”。由美国旧金山的校友会会长、安老资助基金会董事长陈晋明发起，联络旧金山、纽约、香港等地80多位校友共同筹集资金，委托市三女中协助江西省挑选贫困地区初中毕业女生，1995年9月在育才中学开设育英女子高中班。每届招收42名，连续招收了两届学生。为纪念薛正校长献身中国女子教育的精神，海外校友决定把这项事业称为“薛正希望工程”。现在这84名女生中有60人已完成和正在大学学习，其中22名是教师，10名是工程师或电脑工程师，其余有律师、医生、会计师、公共卫生工作者和社会上急需的专业人员。

1995年5月21日下午，薛正同志因病在北京安然逝世。她生前就留下遗嘱，死后不发讣告，不向遗体告别，不开追悼会，不留骨灰。

薛正校长生前曾自豪地说过：“一个教师的价值是无与伦比的。”她的贡献的确令人赞叹，她的学生中有许多是蜚声中外的英才，其中有中国科学院院士黄量，中国工程院院士陈亚珠，闻玉梅，核工业专家杨海棠，社会活动家陈晋明，谭茀芸，钢琴演奏家顾圣婴，京剧表演艺术家李世济，美国俄勒岗州参议员邓雅凤，支疆模范鱼珊玲，女外交官陈依弥，新闻工作者芮宛如，著名导演黄蜀芹等等，还有许多各条战线上的业务骨干。她的信念、风范、人品永远值得我们学习。

（1947届中西女中校友周瑞珍整理材料、执笔撰写）

北大英语教授俞大絪

陈瑾瑜

圣玛利亚女校的才女

上世纪20年代，在圣玛利亚女校活跃着三位家世显赫的才女，她们是1925届俞大缜、1926届俞大絪、1927届俞大綵。从1923年到1926年的《凤藻》上，我们可以看到俞家三姐妹活跃的身影。1925年的《凤藻》俞大缜是总主任，1926年的《凤藻》俞大絪接替姐姐做了总主任。在这本《凤藻》上共有俞大絪9篇中文诗文和6篇英文文章。她的同班同学陈慕德给她的毕业留言中称赞她天资聪颖，读书过目成诵，喜欢音乐，在考试前一天还照样练琴数小时，而考试却总难不倒她。俞大絪书法好，笔力挺秀，又是运动场上的一员健将，1923年获得网球银杯，1926年又获得运动会银盾，可谓文武并茂。她的另一位同学陆景缇为她写了一首诗，赞扬她的全才与高雅："更能刚健又婀娜，千古全才殊未多，秀气独钟偏独受，襟期犹肯与时和。"在1926年《凤藻》年刊的"记事"栏里，还记载着1925年10月14日孔子诞辰纪念活动日，学生联合会的庆祝会上俞大絪等演剧助兴。可见其表演才能相当好。在四年时间里，俞家三姐妹总共在《凤藻》上发表了35篇中英文诗文，其中俞大絪一人22篇。有两篇发表在1926年《凤藻》上的翻译诗歌很耐人寻味。

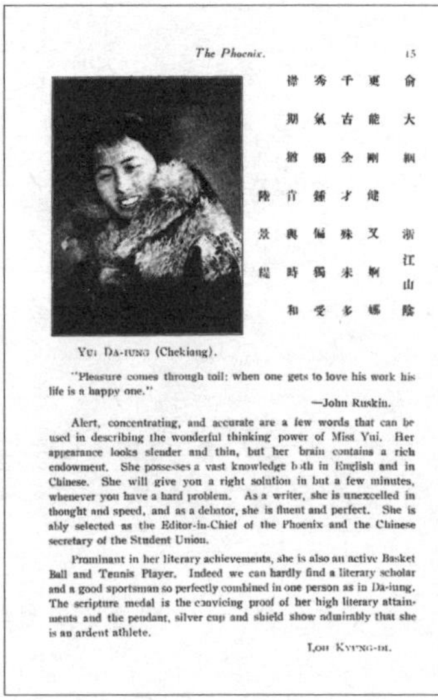

The Phoenix. 15

俞大絪 浙江山陰

更能剛健又婀娜
千古全才殊未多
秀氣獨鍾偏獨受
襟期猶肯與時和
陸景缇

YUI DA-IUNG (Chekiang).

"Pleasure comes through toil: when one gets to love his work his life is a happy one."

—John Ruskin.

Alert, concentrating, and accurate are a few words that can be used in describing the wonderful thinking power of Miss Yui. Her appearance looks slender and thin, but her brain contains a rich endowment. She possesses a vast knowledge both in English and in Chinese. She will give you a right solution in but a few minutes, whenever you have a hard problem. As a writer, she is unexcelled in thought and speed, and as a debator, she is fluent and perfect. She is ably selected as the Editor-in-Chief of the Phoenix and the Chinese secretary of the Student Union.

Prominant in her literary achievements, she is also an active Basket Ball and Tennis Player. Indeed we can hardly find a literary scholar and a good sportsman so perfectly combined in one person as in Da-iung. The scripture medal is the convicing proof of her high literary attainments and the pendant, silver cup and shield show admirably that she is an ardent athlete.

LOH KYUNG-DI.

1926年俞大絪从圣玛利亚女校毕业

一篇是题为“音乐”的短诗，它是写下了“冬天来了，春天还会远吗？”（If Winter comes, can Spring be far behind？）著名诗句的英国十八世纪浪漫主义诗人雪莱（ P.B.Shelley）的诗作。

音乐
清晨遥听仙乐，薄暮犹觉绕耳，
忽见兰芷幽芳，永不忘其颜色。

蔷薇谲败垂地，经时枝头更妍，
你若无情舍我，我心永不变迁！

这首集听觉、视觉、嗅觉和情感于一体的抒情小诗，俞大絪用六言律诗来翻译，足见其古诗词的根底之深。这首诗很像圣玛利亚校园生活的写真，在圣校，特别是在东南角音乐室附近，在清晨静谧的校园里，音乐老师已弹起了钢琴，真是琴声叮咚，仙乐绕耳。茸茸的草坪周围兰芷齐放，开出了五颜六色赏心悦目的花朵。

另一首题为“悲怀”的诗，原作者是威廉·华兹华斯（Words Worth），他是英国“湖畔诗人”的领袖人物，也是十八世纪的浪漫主义诗人，人们谈到他的诗总是用“崇高”来形容。这首诗俞大絪是用白话文来翻译的。

悲怀
她居在僻野的地方，在凄凉的溪水旁边，
她没有人注意，也没有人哀怜，

好像铺满苔藓的石上，斜倚着鲜艳的幽兰，
好像天畔的星斗，发出光华灿烂。

人不寻访——她的住址，人不询问——她的生灭，
她永眠在荒坟里，我的心肠断裂！

1965年1月摄于北大东大地 俞大絪 寓所门前（一排右起：俞大缜、曾念，二排右起：陈昭熙、俞大絪、彭鸿远）

这首诗悲壮的情怀像在预言俞大絪悲剧的结局。当她选择翻译这首诗时，似乎对它产生了共鸣。俞大絪教授没有子女，但她为中国高等学校的英语教育事业作出了贡献，作为她的母校，我们不能让她“永眠在荒坟里”，无人询问“她的生灭”。她是值得我们怀念的。她“像天畔的星斗”，在英语教育的星空“发出光华灿烂”！

毕生从事大学英语教学

俞大絪 1931 年毕业于沪江大学。1934 年留学英国牛津大学，1936 年毕业，获文学硕士学位。1936 年至 1937 年，在巴黎大学进修。抗战爆发后回国，到重庆沙坪坝中央大学外文系任教。1946 年赴哈佛大学进修。1948 年回国，先后在中央大学、中山大学和香港任教。1950 年任教燕京大学，1952 年院系调整后，改任北京大学西语系一级教授。

俞大絪教授对英国语言文学有很高的素养和深入研究，是中国高校使用时间最长的文科教材《许国璋英语》第5、6册主编。美籍华裔作家沈宁幼时曾跟随父母到北京大学看望俞大絪教授好几次，其回忆文章描写了俞教授留给她的印象："头发梳得很整洁，满脸是笑。她身上穿着对襟的深色丝棉袄，绣着暗花纹，雍容华贵，又平易近人。""俞家两姐妹个子都不高，身体都胖胖的，俞大缜更胖一些，而且体弱多病。""俞大絪教授的家在燕南园[①]（北京大学教工宿舍区）里的一处平房，那房子里不很明亮，暗暗的，书房四壁都是顶天立地的玻璃书柜，里面塞满了书。"

沈宁的父母都是两位俞先生的学生，那是在抗战时期的重庆中央大学英文系，"俞大缜讲英国文学史，很严格，历史年代、作者生平、代表作介绍、文学风格等，都要一字不差地背，学生们都有些怕。俞大絪讲英国小说和英国诗歌，讲得生动逼真，引人入胜，学生们都很喜欢上她的课，也记得比较迅速和牢靠。"（俞大缜、俞大絪姐妹，同时留学牛津大学，主修英国文学。抗战时都在重庆中央大学英文系做教授，1952年后同任北京大学西语系教授）

俞大絪教授在北京大学西语系英语专业德高望重，她学识渊博，又对青年教师耐心指导，严格要求。她为北大英语专业每位青年教师制定个人进修计划和阅读书单，为青年教师开课，组织课堂讨论，进行个别辅导，使青年教师专业水平得到很大的提高。她为北大英语专业培养和造就了一支优秀的英语教师队伍。

她是学生英语基础阶段学习的把关者，授课生动而吸引人。沈宁的父亲回忆："他最喜欢的课，是英美诗词，俞大絪教他们唱美国民歌，如《苏珊娜》等，要求学生们背熟。后来晓得那很有好处，歌词容易背，记了单词、句型、语法，还有美国人的讲法习惯。"俞大絪教授一方面巩固并加深学生的语言基础，同时又善于引导学生逐步从语言学习过渡到英美文学的学习。她的授课内容从诗歌、戏剧、小说，到散文随笔等，不同文体的教材都教。她的英美文学功底很深，1931年她曾研究过约翰·曼斯菲尔的作品，1943年又研究英国当代诗歌倾向，曾开设过英语选读、英国小说等课程，主要从事高年级英语教学，晚年集中精力编写教材。她主编的全国统编教材《英语》第5、6册，受到各方重视和好评，它上接1–4册的许国璋英语，下承徐燕谋的7–8册，是承前启后过渡学习阶段的教材，被誉为是"具有贵族气派"的教材。编写者如没有深厚的中英文功底和多年

① 据俞大缜的女儿回忆，院系调整后俞大絪住燕东园。

大学英语教学实践经历是决然编写不出的。

俞大絪教授从抗战开始后回国，从事大学英语教学三十年，她为中国的英语教育事业作出的贡献是不可磨灭的。

为了人的尊严

俞大絪教授是名门闺秀，曾留学国外，一生追求学问，做人严肃认真。她有显赫的家族背景，是晚清名臣曾国藩的曾外孙女；大学问家陈寅恪的母亲俞明诗，是俞大絪的嫡亲姑妈，因而她是陈寅恪的表妹；她是我国著名化学家、教育家曾昭抡的夫人；她的姐姐俞大缜也是北京大学西语系教授；妹妹俞大彩则是台湾大学英语系教授，台湾大学校长傅斯年的夫人；她的一位哥哥是中科院资深院士、植物病理学与微生物学家，曾任北京农业大学校长的俞大绂；大哥则是赫赫有名的台湾“国防部长”俞大维。

如此显赫的家族背景在1966年那个年代本身即被视为罪恶，更何况那天清华大学红卫兵调来了12所中学的红卫兵，这些不明事理的中学生，在清华大学拆毁了汉白玉牌楼，抄家打人，造完反后意犹未尽，又闯到了和清华邻近的北京大学燕东园教工宿舍，开始抄家，毁坏书籍文物。

当俞大絪燕东园的家被抄时，只能独自一人应对，她的丈夫曾昭抡，1957年被划成“右派”后被分配到武汉大学，不住在北京。她被强迫下跪，受到了中世纪的野蛮对待。她悲愤难抑，在红卫兵走后服药自尽，终年61岁。那一天是1966年8月25日。峣峣者易折，皎皎者易污。俞大絪教授是为了人的尊严而选择了以死抗争，在那个以野蛮破坏文明的年代，人的尊严被践踏在地。从小受到良好文明教育的俞大絪教授无法忍受这样的野蛮，她闭上了眼睛，无论是骂她的大字报，还是为她哀悼的人们，她都一概看不见了。那些施暴者如今也已是六十奔七十的年纪了，虽然由于特殊的年代，逃脱了法律制裁，但对于自己良心的谴责恐怕是会一辈子追随着的吧！

世人瞩目的外交家姐妹

——记1932、1933届 龚普生、龚澎

市三女中1960届 杨乡采访整理

成长篇

上世纪初叶，孙中山领导多次革命斗争，几经艰辛，终于推翻了清朝统治。那时有一位领导了著名的江苏靖江起义的同盟会会员——龚镇洲，他正直爱国，强烈反抗专制统治，在孙中山领导下，曾担任“铁血一军”旅长，转战长江南北，以“铁血大将军”的美名传遍江淮大地。他就是我国著名外交家龚普生、龚澎的父亲。

1913年龚普生诞生在上海，由于父亲龚镇洲遭袁世凯明令通缉，刚满月的她就随父母亡命日本。1914年10月10日龚澎出生在日本横滨,最初起名“庆生”,后改名“维航”,大学毕业后才改为龚澎。姐妹俩从小随父母在动荡不安和到处迁徙中生活，从日本漂泊到南洋，再到广州，最后回到上海。在广州父亲曾带着龚普生和龚澎去大元帅府，身穿深绿格子的孙中山还亲切地抚摸她们的头，和她们说话。她们的童年是幸福的，虽然在颠沛流离中，父亲也不曾忘记对女儿进行道德感化和思想熏陶，他时常讲述自己20多年的革命经历。父亲身材高大的形象及朴素的爱国主义思想，像烙印般深深留在她们心灵里，产生了不可磨灭的影响。

20年代，龚镇洲在上海期间，一度生活窘困，夏典冬赎，沦为城市贫民，但始终不忘子女的学业，经常为她们的教育奔波。1928年龚普生、龚维航同时进入当时最好的学校——圣玛利亚女中就读，姐姐读初二，妹妹读初一。中学时代龚普生就善于思考，有一颗急切追求真理的心，1930年她曾在校刊《凤藻》上发表文章《与友人论宗教书》，探讨人生和宗教问题。她在文章中写道；“现在的我，已不是以前抱着任其来随其去的

我了。以前我以为人生不过是剧场，总有散的时候，散了以后，一切也就完结，就是精神灵魂也没有存在的可能。现在我却感觉到肉体虽可毁灭，我们的灵魂是永远不能灭亡。”“我这种言论，假使给旁人晓得，一定要说我是受教会学校的熏陶，可是您想我是能够顺从旁人见解而改变我观念的人么？我现在也不晓得我该归那个宗教？”1932年龚普生毕业前夕，又在《凤藻》上发表了一段马克思关于宗教的名言，由于她很认同这段论述，就自己翻译出来。当时她把文章交给《凤藻》编辑部之后，一直提心吊胆，怕不刊登，后来还是刊登了，她心中十分高兴。龚普生追求真理的热情，一直延续到中学毕业，她到了北方，进入大学，才终于寻找到她自己认同的真理——共产主义。从此，龚普生为之奋斗了大半个世纪。

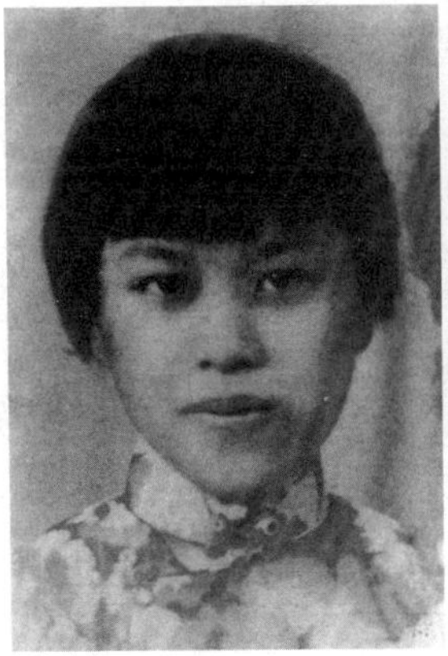

1932届龚普生毕业照

1933届龚澎毕业照

龚维航身材高大酷似父亲，一副男孩子脾气。在中学里，她衣着朴素，从不打扮，唯一爱好就是读书，如痴如醉。龚维航天资聪颖过人，功课之余，就是阅读英文小说。她有两件法宝：一是书本，每当捧起一本书阅读时，就忘了周围的一切，进入书中的境界，读到兴奋处，她会手舞足蹈向同寝室同学讲述书中的故事，以飨同窗；二是一只饼干桶。她读书非常入迷，经常错过吃饭时间。后来父亲知道了，便每周送她一桶马宝山饼干。龚维航得到这桶饼干后，如鱼得水，干脆不上饭厅了，每天除了上课，就是看小说，饿了就打开饼干桶，好像面对王母娘娘蟠桃园中的仙桃，一边执卷，一边随手捡吃饼干，一本书看完又看一本，一桶饼干吃完了，父亲又送一桶来。因此，龚维航还得了个“饼干桶”的雅号。正因为她阅读了大量英文版小说，所以在中学打下了扎实的英文基础。她酷爱历史，中学毕业后，便报考燕京大学历史系。在中学里，龚维航一度是虔诚的基督教徒，面对民族危亡的严酷现实，经历时代潮流的强烈冲击，她很快就成为校内闻名的“异教徒”。她热爱自己的中学、同学，即便进入大学，还给学校写来热情洋溢的信函：“燕大母校的同学叫我代她们向你们，我们无时无刻不想念的老同学致敬！末了，祝一九三五

在外交部工作的龚澎

龚澎在国外访问

在联合国工作的龚普生

年《凤藻》成功！”龚维航一直与母校保持联系，有着深厚的感情，1937年大学毕业后，回到上海，她还在母校教书六个月，并兼任赈灾工作。此后，她决定离开家庭，奔赴延安。

在燕京大学的四年生活是龚普生、龚维航一生的重要时期，她们从此翻开了自己历史的崭新一页。龚普生在大学时阅读了大量代表各种思潮的书刊，从史沫特莱介绍红军的书中，知道了有一支为共产主义奋斗的政治力量，她心情激动，决心要成为革命洪流中的一分子。龚维航在大学里，仍保持爱读书的习惯，即使在学生运动最紧张的时候，她还写出了史学论文《清代汉人拓殖东北述略》。这篇颇有造诣的学术论文后来发表在著名历史学家顾颉刚主编的《禹贡》半月刊上。但她更多接触的是进步书籍，例如她读到斯诺写的《西行漫记》，十分赞赏，就自己动手译成中文。

1935年12月，一场席卷全国的抗日救亡运动在北平爆发，燕大是发祥地之一，学生自治会发挥了重要作用。龚普生，龚维航积极投入学生运动中，她们和燕大其他学生与北大、清华的一些学生经常聚集在斯诺夫妇寓所的小客厅里，讨论时局，寻求对策。龚普生被推举为学生会副主席，她登上了施展才华的政治舞台，每天活跃在教授、同学中。

在“一二·九”游行那天，燕大出动了6个大队，每队90人，龚维航是大队长。她具有父亲的豪爽性格，当队伍在高梁桥遭军警阻拦时，她带头大喝一声“冲啊！”一下子突破军警防线，真可谓女中豪杰。“一二·一六”大游行前夕，燕大成立“敢死队”，龚维航第一个报名。她当时还是燕大学生自治会课外活动委员会主席，是卓越的学生领袖，同学的骄傲。根据斯诺的建议，在举行“一二·一六”大游行前，为扩大影响，制造舆论，由龚普生，龚维航姐妹主持，于12月12日在临湖轩举行了一次外国记者招待会。除了斯诺，还有合众社、《芝加哥每日新闻》等六位外国记者出席，这次会议及时把学生救亡运动的情况公布于世，冲破了国民党的新闻封锁，引起很大震动。这是受到各界人士广泛称赞的“一二·九”运动中唯一的一次记者招待会。经受了这次学生运动的战斗洗礼，姐妹俩在政治上成长了，1936 年龚维航在燕京大学加入中国共产党，龚普生于 1938 年在上海也参加了中国共产党。

1938 年春，龚维航改名为龚澎来到延安，在马列学院学习。1940 年奉党中央之命，她来到重庆曾家岩 50 号“周公馆”，来到周恩来身边。从此，直到她离开人世，在周恩来身边整整工作了 30 年。龚普生先在上海从事抗日救亡工作，1939 年作为中国青年代表团团长，出席了世界基督教青年大会和世界学生联合会会议。在欧洲她广交朋友，宣传我国抗日情况。1940 年她经上海党组织介绍来到重庆，通过龚澎联系，正在寻找龚普生的周恩来立刻与她见面，在“周公馆”龚普生得到周恩来的指示：“你应该到美国去！可以利用各种机会，向世界人民介绍中国人民的抗日斗争，争取国际社会对我们的同情和支持。你完全有能力做更多的国际统战工作。”遵照周恩来的指示，龚普生在我国外交事业中辛勤耕耘了大半个世纪。

妹妹篇

在山城重庆，龚澎历任《新华日报》记者、中共驻重庆代表秘书等职，是周恩来的秘书和第二任英语译员，她最主要、最有成就的工作是“周恩来与外国记者招待所的联络员和新闻发布员”。龚澎学的是历史，也钟情于历史，但她在新闻发布工作方面却表现出少有的天赋，她的外表形象和精湛一流的工作奠定了她作为“环球新闻界最出类拔萃的妇女”的外交生涯的全部基础。

当时，欧美记者云集重庆，都住在巴县中学内国际宣传处招待所。龚澎向这些记者介绍解放区的情况，从而击破了反动派的谣言。她从不讳言，作为坚定的共产党人是为共产党讲话的，她对中国共产党和中国人民事业的坚贞与忠诚。重庆的西方记者几乎都对她怀有好感，对她的外表、为人和才能赞叹备至。她极为冷静，不卑不亢，用摆事实讲道理的方法，耐心说服。记者与龚澎的交谈必有收获，不仅能得到可靠消息，也能扫除心中的疑团，她所发布的新闻消息又不断为日后的事实所证明，因而赢得记者们的敬重、钦佩。

美国著名的中国问题研究专家费正清在回忆录中写道：“龚澎总是挎着她那满装着延安最新广播新闻稿的书包来到国际宣传处的外国记者招待所。整天为国民党新闻检查扯皮不休的西方记者们特别欢迎这种对立面的材料。她对那些没有家室之累的主张采取有力行动的外国记者所产生的魅力，一定程度上出于她那才智超群的性格，另一方面也因为在这个充斥着随声附和者趋炎附势者的城市里她扮演了一名持不同政见者的角色。她是在野党的发言人，以他们的改良理想来揭露执政党的罪恶事实。”

1941 年“皖南事变”后，有西方国家担心国民党的这破坏行为可能导致日本大规模进攻；一位对中共颇友好的外交官、驻重庆的英国大使克拉克·卡尔，对于国民党的这种做法颇不以为然。在一次记者招待会上，卡尔大使明确表示了自己的态度。凑巧龚澎在场，立刻抓住这个有利时机。用大量事实揭露事实真相和国民党的阴谋。结果，龚澎无形中成了这个记者招待会的中心人物，回答一个接一个问题，取得了极好的宣传效果。爱泼斯坦饶有感慨地说，龚澎“善于利用一切机会来做工作，她往往实际上是在给舆论以正确的引导，但并不使你感到你是在被人引导。”这是炉火纯青的艺术！这就是龚澎的魅力！许多外国记者赞叹地说：“龚澎的一举一动，体现着大家所熟悉而且十分欣赏的周恩来的工作作风。”

彼时重庆传播媒界曾流传一种说法：“龚澎有外国记者替她做保镖。”话虽然过头，但也从一个侧面反映了其工作成绩和效果。费正清曾写道：“龚澎他们出了一本小册子，里面尽是共产党骂国民党的东西…… 这位令人赞赏的使者给了我几本（一半是她译的），然后告诉我：由于国民党认为她在外国人中散发宣传品太多，正在准备绑架她，她不能像以前那样经常出来了。我于是向她保证，她的工作对象可以很容易就组织起一个车队来保护她。”虽是应酬时的笑话，但也说明“保镖”一说并非子虚乌有，空穴来风。

就在龚澎的事业蒸蒸日上之际，生活中的灾难却接踵而至。1942 年春，龚澎因病住院半年。期间，亲爱的父亲在凄凉境况中去世，身边并无亲人。她又从周恩来处得知丈夫刘文华因病逝世。刘文华是她崇敬的战友，从德国留学回来，仅一个月，就来到抗日最前线，在前方司令部担任朱德、彭德怀的秘书。龚澎与刘文华在太行山结婚未满一个月，因工作需要，就匆匆离别新婚丈夫，前往重庆南方局工作。分别仅两年，噩耗传来，犹如晴天霹雳……但龚澎没有垮下去，她在给朋友的信中坚强地写道：“……我和你一样地爱着太行山那块贫瘠的土地。因为它是被我们最亲爱的同志们的血滋养着的。它曾是我生命中最快乐的一段的见证，它本身包藏着我的丈夫的尸骨。我更爱在那坚持抗战和敌人作殊死战的同志们、老乡们。我们是要靠他们来保卫这块土地，替成千上万和我们遭遇相同的姐妹们复仇的。你放心，我会顽强地接受文华遗留下来给我的责任。我会更注意自己，并不是希望多活几年，但愿能在活着的时候，多做些有益于民族、有益于党的事。在这大时代中，我绝不会被私人感伤所湮没，因为那不是父亲教养成人的我，更不是文华所期望的我。”

经过八年浴血奋战，抗战终于胜利了。随后毛泽东应邀赴重庆谈判。作为中共代表团外事组成员，龚澎比以往更为忙碌。这时龚澎和乔冠华已是一对珠联璧合、相得益彰的夫妇，在中共对外事务中发挥越来越大的作用，是周恩来麾下的两员得力干将。龚澎还是北平军调处执行部中共方面新闻组长，这是当时在北平协和医学院内的军调部国民党、美国、中共三方所有工作人员中唯一的女性。龚澎在中共新闻处处长黄华领导下，负责处理中共代表叶剑英与公众的联络事务。龚澎再一次成为外国新闻记者注意的中心。《巴尔的摩太阳报》记者菲尔·波特称龚澎“俊美潇洒，身穿蓝色旗袍，头上却烫着美国发式。”龚澎自己幽默地解释，“这并不意味着对北平居民的挑战”。显然，这位波特先生也像重庆国际新闻处外国记者公寓里的汉子们那样，对龚澎的才智品貌竭尽推崇渲染之能事。

1946 年 4、5 月间，国共和谈破裂已成定局，内战迫在眉睫。随中共代表团东下的龚澎，一到上海立即根据党的指示，组织力量，千方百计以最快速度出版了英文刊物《新华周刊》。这家设立在上海的“夫妻老婆店”，主编就是乔冠华，龚澎担任刊物发行人。这第一份外宣刊物刚出版到第三期，就被当局查封。国共和谈破裂前夜，为了暂时将核心骨干力量储存起来，根据周恩来指示，乔冠华、龚澎夫妇及夏衍于 10 月底离沪前往相对安全的香港。行前，周恩来特地为乔冠华、龚澎等人饯行。

解放战争期间，香港成了解放区与海外联系的窗口。党在这里展开了广泛的国内国际统一战线工作，为新中国的诞生创造条件。乔冠华、龚澎始终并肩战斗在外事工作最前列。

1946 年 12 月 31 日，英文半月刊《中国文摘》(*China Digest*) 在香港正式出版。这份由钟威洛主编的英文刊物及时地向全世界报道中国大陆正在如火如荼展开的激烈斗争，报道解放战争的消息，刊登延安的时事评论，揭露蒋管区的民不聊生和白色恐怖……刊物一问世，各国要求订阅的函电如雪片般飞来。这位“钟威洛”就是龚澎。

两年后，乔冠华、龚澎奉命离港北上。新中国外交部建立后，乔冠华出任外交政策委员会副主任、亚洲司代司长等职。龚澎出任情报司司长，是外交部建部初期十余名正司级官员中的唯一女性，直到 1963 年升任部长助理，整整 14 年，在外交部空前绝后。1954 年第一次日内瓦会议期间，龚澎和黄华一起成为中国代表团发言人；1960 年第二次日内瓦会议时，周恩来亲自提名龚澎担任中国代表团首席发言人。20 年中，龚澎多次以新闻司长、部长助理身份随同周恩来、陈毅出访，足迹遍及亚非欧。陈秀霞在回忆中写道：龚澎是既能说又能写的领导，文章写得好，驾驭语言能力极强，在我们党内有“才女”之称。她也常常和大家一起度过不眠之夜。对同志们政治上的进步、生活上的琐事总是很关心。尽管她学识渊博、工作能力强，但认真工作，宽厚待人，我们称她是我们的领导、战友、亲人。

“文革”风暴骤然而来，龚澎被打成“里通外国”的“三反分子”。首先遭到抄家，室内墙壁上涂满了“打倒陈毅”、“打倒三反分子龚澎”的大字标语。龚澎长时间不让粉刷掉这些口号。“让它们留下作纪念！”她冷笑地对来人说，脸上充满了轻蔑而坚定自信的神态。抄家的人要她背语录，她马上流利地背诵道：“彻底的唯物主义者是无所畏惧的……”造反派虽恼羞成怒，但也无可奈何。一次挨批斗后，龚澎在回家路上特意选购了一张用毛泽东手书体印刷的语录：“勇敢、坚定、沉着。在斗争中学习。为民族解放事业随时准备牺牲自已一切！”回到家后，她把它用图钉牢牢钉在已刷过“打倒”标语的门上，她背靠着门，站在这条语录旁，让孩子拍照留念。在这张照片上，龚澎神态坚定自若，目光刚毅，充分表现了一个共产党员在那个特定历史时期敢于斗争、不向邪恶低头的精神风貌。

周恩来终于知道了龚澎的处境。在一次外交部集会上，亲切地让龚澎坐到前排来，对她说：“你怎么可能是三反分子呢？”这显然是说给“造反派”听的。一天龚澎病了，医生开了两天病假条，但蛮不讲理的“造反派”却撕毁了。周恩来获悉此事，立即通知外交部有关部门，让龚澎休息四天。

龚澎终于“解放”了，但由于过度紧张和忧郁，健康状况开始恶化。1970 年 5 月，她获悉韩素音将来中国后非常高兴。在去卫生间时，突然跌倒。后来确诊是脑动脉血管破裂，失去思维能力。周恩来对其病情极为关注，说：“要尽最大的力量为龚澎治疗！”周恩来的决策和努力使龚澎的生命延续了几个月。1970 年 9 月 20 日龚澎终于走完生命的历程。

姐姐篇

1941 年 9 月，龚普生从上海乘船赴美，去哥伦比亚大学攻读硕士。这年 12 月 7 日，日本突袭珍珠港，在美国燃起了愤怒的火焰。一时间，人们开始对美国以外的事情发生兴趣，特别是对中国的抗日战争十分关心。从这时起，龚普生经常应各团体邀请发表演说，揭露德、意、日法西斯发动战争的罪恶行径，介绍中国人民抗战的情况，每次演说都博得好评。在美国朋友安排下，她几乎走遍了美国，有时一天要走几个地方演说。这期间，她认识了美国总统罗斯福夫人、著名黑人歌唱家保罗·罗伯逊、女作家赛珍珠等知名人士。在罗斯福夫人邀请下，她走进了白宫，来到夫人的别墅，借此机会介绍中国抗日战争的情况，夫人听得十分认真，并称赞说：我为你对中国所做的一切，表示由衷的钦佩。

1945 年 8 月，龚普生再次来到哥伦比亚大学攻读国际关系博士。同年 10 月 10 日，美国一家电台座谈中国问题，龚普生是被邀请人之一。谈话中，她强烈抨击美国支持蒋介石政权打内战的政策。这显然不符合邀请人本意，但因为当时的座谈直播，主持人想阻止已来不及。一年后，龚普生的签证到期，被拒绝续签。于是，她不得不在一位美国友人推荐下进入刚成立的联合国人权委员会做研究工作，参加《联合国人权年鉴》的编纂。期间，龚普生有机会旁听联合国的各种会议。当她看到蒋介石集团的代表坐在中国席位上随声附和别人发言时，她感慨万千：什么时候中国人民的真正代表能坐在联合国的中国席位上，行使自己的职权，那该多好呀！

新中国成立后，当时外交部有两位显赫的女司长，一位是龚普生的胞妹新闻司司长龚澎，另一位是国际司副司长龚普生。由于龚普生这段在联合国工作的经历，她在外交部主持国际司工作长达 17 年，为恢复我国在联合国合法席位做了大量工作，被誉为“联合国问题专家”。

1950 年，朝鲜战争爆发第三天，美国总统杜鲁门悍然命令美国第七舰队开进台湾海峡，并散布“台湾未来地位的决定必须由联合国考虑”等谬论。美国政府这一系列公然侵犯我国主权的行径，激怒了中国人民，我国政府为此向美国连续提出了严正抗议，并诉诸国际舆论。1950 年 9 月 29 日联合国安理会通过决议，同意由我国政府派出代表团，参加“美国侵略台湾案”，表达中国政府立场。首次派出代表到世界最大国际组织——联合国去发表自己的意见，对我国以至全世界都有重大意义。党中央和国务院经过郑重考虑，决定由伍修权作为特派代表去联合国，作为主管司负责人龚普生被确定为出席联合国大会代表团成员之一。

中国代表团出席联合国会议，举世瞩目。1950 年 11 月 24 日，载有新中国第一个出席联合国会议代表团的飞机到达纽约，标志着历史揭开了新的一页——新中国的人民正迈开巨人的步伐，登上世界政治舞台。这是龚普生第三次到美国。中国代表团抵达纽约的消息一时成为美国的特大新闻，《纽约时报》专门刊登了一篇关于龚普生的特写，详细介绍其经历。在美期间，龚普生负责接待来访客人。在联合国大会上，伍修权作了长篇讲话，有力指控美国对中国的侵略行径，这是中美第一次大论战，整个会议大厅第一次回荡着中国人民理直气壮的正义声音。会议结束，美国著名记者斯诺和当年积极支持“一二・九”学生运动的燕大美国教授夏仁德向龚普生走来，斯诺非常兴奋地拉着她的手说：“我终于听到中国人的声音了。”龚普生激动万分，兴奋极了。但由于美国的百般干扰，联合国大会及其政治委员会先后宣布无限期休会，实际上是取消了中国继续在联合国同美国斗争的权利。4 月 19 日代表团根据中国政府决定回国。登机前，伍修权在机场向报界发表声明：……我们仍将继续为和平而奋斗。龚普生默默地在想，总有一天我们还会来的，中国在联合国的席位最终会归还给中国人民。

1957 年，在印度召开的第十九届国际红十字大会上，中国一举挫败了美国制造“两个中国”的阴谋。龚普生作为中国政府代表团成员，直接参与导演了这精彩的一幕。

1970 年，联合国恢复了中华人民共和国的合法席位。1979 年，联合国召开世界裁军大会，龚普生作为中国代表团成员再次出现在她熟悉的国际舞台上。她惊喜地看到了当年在联合国工作时结识的旧友，大家都亲切地和她握手、拥抱，祝贺中国在联合国的胜利。龚普生是著名联合国问题专家，在会议期间，她每天的活动日程都排得满满的。

除了参加各种会议外，还要处理各种文件、向代表团介绍有关情况、接待来访的各界人士，并拜访各国出席会议的代表团领导。由于任务繁重，她每天休息时间很少，有时通宵达旦地工作。

1980 年龚普生赴爱尔兰上任。当她下飞机时，受到热烈欢迎。在机场大厅，她接受了记者采访。她衣着得体，高雅大方，向欢迎人群和记者发表了热情洋溢的讲话，赢得热烈掌声。当晚电视台播放实况，她那充满激情的友好讲话，受到各界高度称赞。十天后，当她向爱尔兰总统呈递国书时，总统称赞她讲话很好。

龚普生的到来受到爱尔兰各界关注，她经常收到请柬，邀请参观、听音乐会、主持开幕剪彩仪式及出席各种会议，她非常重视这些活动，把它视为向爱尔兰各界介绍现代中国的好机会。为了深入认识爱尔兰，龚普生阅读了大量驻在国的报纸和资料，积极参与外交使团间的交往，从各方面了解调查，深入研究。龚普生曾同爱尔兰农业部长探讨如何加强两国在农业方面的合作；她拜访爱尔兰政府一些官员，考察各种类型企业、农庄及研究机构，了解有关经济发展的政策，给国内提供有价值资料和先进经验。她也结交了无数外国朋友，是总统府的常客。1983 年 8 月龚普生任满回国，临行前，希勒里总统夫妇和好友——爱尔兰最高法院大法官金伦，一起赠送了可爱的玩具“蓝精灵”。

从爱尔兰离任回国后，她曾任第六、七届全国政协委员，由我国推荐以个人身份参加红十字国际委员会国际政治专家小组，该小组每年在日内瓦召开两次会议，就国际重大问题交换意见。她还曾任中国联合国协会副会长，是我国从事外交工作时间最长的外交官之一。

（1960 届　杨乡采访并根据资料整理，节选自宗道《才女外交家龚澎》、陈秀霞《怀念龚澎》、李同成《联合国问题专家龚普生》。）

生命如歌，永远灿烂

——记 1937 届 张佩珠

坐落在上海市西区的国际和平妇幼保健院，如今已是国内外颇有声望的医、教、研齐全的第一流医院。1953 年，当年国家名誉主席宋庆龄亲自聘请张佩珠到保健院工作，随即担任副院长。1962 年任院长，1984 年退居二线，任名誉院长。张佩珠曾被评为上海市优秀党员、市劳动模范、全国三八红旗手；曾荣获全国五一劳动奖章、中国福利会妇幼事业樟树奖。1990 年 12 月 21 日病故，享年 74 岁。

五次重大抉择

1937 年，日本侵略者的铁蹄踏碎了张佩珠殷实富裕的家庭，她父亲在战乱中破了产。中学毕业的张佩珠处在生活的十字路口。她有条件追求荣华富贵，嫁一个有钱的丈夫当个阔太太。但她毅然选择了艰苦谋生，以自己的劳动所得学医从医，走一条为妇女儿童解除病痛的人生之路。在就读圣约翰医学院的七年中，为了自筹学费和书费，她当过家庭教师、小学代课老师、业余图书馆管理员、私人秘书和女青年会秘书。她常常饥肠辘辘，身无分文。每当饥饿难忍时，就躲进图书馆拼命读书。好不容易熬到了毕业，她以为可以用所学医术解救妇女儿童了，谁知等待她的却是失业。为了实现理想，她苦苦寻求，先是到私人医院，后到邑庙区卫生事务所妇幼组，接着又进了第一妇婴保健院。她曾经一次又一次上门为贫困妇女接生、治病，无数次将自己仅有的生活费送给付不起住院费的产妇，把自己的鲜血输给濒临死亡的穷苦病人。然而，她看到的却是贫困的重病产妇一个个在痛苦呻吟中死去，听到的是病人亲属撕肝裂肺的呼救声。仅她工作的第一妇婴保健院，一两年内就有17个弃婴。无论她在哪里工作，无论她作何种努力，纵有一颗善心，一身医技，却无法使广大劳动妇女摆脱苦难，自己倒因过度劳累患上了风湿性关节炎和心脏病，一度卧床不起。

张佩珠1937届毕业照

在张佩珠陷于极度痛苦、失望之时，她哥哥在美国为她办好了留学的一切手续。她准备步那些先后出国深造的同学们的后尘，渡洋赴美。此时，上海解放了。在中国共产党的领导下，在短短的日子里，上海变了样，医务人员的精神面貌也变了样。“医院大门八字开，有病无钱莫进来”的时代一去不复返了。亲眼所见的一切，使她在去与留之间犹豫了。共产党的宗旨是全心全意为人民服务，这正是她多年来向往、追求的。新中国的建立，使她感到希望正在变为现实，使她有了用武之地。她打消了赴美的念头，选择留在祖国，决心为新中国奉献出自己的一切。她发起组织了医院工会，她向党组织提出了入党申请。1950年9月30日，张佩珠在党旗下庄严宣誓。

1952年，宋庆龄以自己所得的斯大林和平奖金，在纺织厂集中的普陀区长寿路创建国际和平妇幼保健院。医院初创时期，条件极差，50张床位、7个医生，没有像样的设备和手术室。1953年，已在条件设施较好的第一妇幼保健院负主要责任的张佩珠，服从了党的需要，选择了创业。

新中国的诞生，给妇女们带来了政治上、经济上的翻身和解放，然而愚昧无知和落后的医疗保健条件无法保障她们的健康，产妇、婴儿死亡率高。已担任妇产科主任医师的张佩珠寝不成寐、食不甘味。强烈的责任感，医生的天职，促使她选择了不被重视的妇幼保健事业。她背起药箱，带着助产士，走街串巷，深入棚户区、江边码头，宣传妇幼保健常识，落实产前检查、新法接生，以出色的工作，确保了妇幼的健康。一干40年，成为妇幼保健专家。

1984年，年近古稀、身患高血压、心脏病的张佩珠退居二线。不少人劝她别再操劳，过过清闲日子，享享福。然而她在清闲和忙碌中，再次选择了后者。她一边带教中青年医生，一边开展社会系列健康宣传和教育、系列化保健服务研究和实验。她依旧步履匆匆，早出晚归，忙于查阅资料、备课、讲课，奔波于门诊、病房、工厂、乡村……直到 1986 年中风，累倒在岗位上。

热爱妇幼事业胜过自己的生命

“我的岗位是妇幼保健！”张佩珠以一生的不懈追求，实践着自己的诺言。

建国初期，老百姓还不相信新法接生，怀孕妇女不肯甚至要躲避接受产前检查。有的忙着干活、赚钱，顾不上产前检查。张佩珠为了不漏医院周围地段的孕妇，一再夜访派出所，记下姓名和地址。多少个风风雨雨，她出入当时的梅坊村、药水弄。她爬搁楼，钻“滚地龙”，亲自为孕妇作产前检查。多少个夜晚，为了寻找流动性大的船民孕妇，她沿江一个码头一个码头、一条船一条船地询问，跪在低矮的船舱里为孕妇检查、治病、接生。

那时候，张佩珠几乎跑遍了普陀区每一家纺织厂。她看见不少女工因工作劳累，卫生条件差而造成经期双腿皮肤破碎、糜烂，有些怀孕女工因妊娠反应剧烈、营养不良而昏倒在车间里。于是她及时提出并积极宣传减轻女工痛苦、保障妇女健康的建议，终于受到了工厂重视和支持。工厂为女工们设立了卫生室，装上了简易的冲洗设施，建立了月经卡和凭卡发卫生纸等初级妇女保健制度，开办了孕妇食堂。这些简单措施，深受女工欢迎，也有效降低了孕产妇死亡率，1953 年为 4.75‰，1954 年为 2.8‰，到 1956 年连续 13 个月没有产妇死亡。

在城市医疗条件逐步改善后，张佩珠又想到了农村妇女。多生育和产后劳累，使农村妇女普遍患有子宫脱垂，痛苦不堪。还有不少因患子宫癌，中年早逝，却不知死因。1958 年张佩珠组织医务人员深入农村开展工作，重点防治子宫脱垂和普查宫颈癌等妇科疾病。她亲自带着医疗队住进农家草房，深入田间与农妇一起边干活边谈家常，一家家一户户，反复宣传，反复讲解，以一腔真情感动了农妇。她们终于纷纷前来要求检查了，甚至七八十岁的老太太也都赶来要求普查。为了使更多农村妇女得到治疗，张佩珠不顾疲劳，又一村接一村，一户接一户地工作。没有公路，不通汽车，就搭拖拉机，有时坐在自行车后架上，或干脆步行。不知多少次，因天黑路滑，她跌入田间，爬起来再走。她自制子宫托，在自己身上一次次试验，当地农民从心底里感激她，捧出仅有的佳品——煮熟的玉米和山芋款待她，称她“活神仙”，奔走相告：“毛主席给我们派来了好医生。”

张佩珠是个永不满足现状，在事业上不断探索、进取的人。在繁忙工作之余，她埋头于期刊资料，不断汲取最新知识。她脑子里铭记着中国福利会的“实验性、示范性”方针，时刻不忘发展妇幼保健事业，始终瞄准国内外一流水平，大胆改革，勇于创新，发展具有中国特色的妇幼保健和计划生育工作。她研究和推行了“产科门诊一贯制”、“妇幼保健网”、“围产期保健”等保健制度。

张佩珠在工作中

1979 年，张佩珠被世界卫生组织人类生殖处聘为宫内节育器指导委员会委员、妇幼保健专家顾问。经常的国际性业务交流和大量信息开拓了她的思路。她在院内组织攻关组，开展一系列科研活动。她创造了“孕期家庭自我监护”，倡导“母婴同室”，首创计划生育咨询门诊、孕妇学校和新婚学校。退居二线后，她把主要精力放在带教中青年医务人员上，帮助开展实验，亲自核对数据，培养他们成为重点科研项目中的骨干、某一领域的专家。

心中只有病人、只有医院、只有事业

张佩珠始终不渝，坚持不懈以自己的行动实践着自己的誓言。她把时间、精力、知识、才华、鲜血、金钱，乃至全部的爱毫无保留地奉献出来。在她心中只有病人、只有医院、只有事业。40 年来，她几乎没有星期天、没有节假日，甚至年夜饭她都是在医院里随便吃一点。每一个除夕，她都在病房、在急诊室、在产房，与产妇、婴儿共同度过。

有多少产妇的血管里流着张佩珠的血，已经无法统计了。1979 年 3 月，一个肝炎产妇大出血，生命垂危急需输入新鲜血液，正在指挥抢救的张佩珠，当时已 63 岁高龄，她立即捋起衣袖说：“我是 O 型，快抽我的！”医生们知道她一次又一次地献过血，含泪劝她：“您现在年老体衰，不能抽啊！”可她斩钉截铁地说：“抢救生命要紧，我是院长，命令你们抽！”

从上世纪 60 年代起，为贯彻落实计划生育国策，张佩珠带领大家研制计划生育药物和用具。为取得准确的科研数据，张佩珠带头在自己身上反复做试验，摸索出最安全、最可靠的用药剂量和最安全舒适的避孕用具。在她的感召下，带出了一大批无私奉献的医务人员。

张佩珠日常生活俭朴，家里没什么像样家具。三年困难时期，她把工资积累的2万元作为党费上缴，替国家分忧。1979年再次上缴党费2万元。应得的奖金、稿费，她分文不取，全部存入医院财务科，用来购买科研用品，接济生活困难职工，捐赠给幼托单位。有人劝她："您老了，应该补补身体，享享清福。"她诚恳地说："身外之物我不希罕，生不带来，死不带去。我追求信仰，追求真理，我要把人民给我的钱用之于人民。"

从1979年至1983年，张佩珠先后16次出国参加学术会议，她没为自己带回一件生活用品。出国期间，她省吃俭用，用省下的伙食费、交通费为医院添置急需的仪器、试剂和资料，将其余2900多美元上缴国家。

张佩珠是圣约翰大学医学博士，国内外知名的妇幼保健专家。她操一口漂亮英语，在国际学术会议上与众多学者即席而谈，学识渊博，见解独到。她手持论文登上讲坛，伸手迎接来访的外宾，更是风度非凡，气质高贵。她评上了先进，荣获全国"五一"劳动奖章。然而，她照旧与医院员工一起劳动，通阴沟、擦墙壁。她说："院长就好比是家庭主妇，干什么都得行。"

1986年，张佩珠因脑血栓中风，语言、行动受阻。1987年又因肾肿瘤作了手术。就在患病卧床之时，她仍惦记着医院、惦记着妇幼保健事业。无论病痛如何折磨，只要有人提起医院，她就挣扎着转向说话者，艰难地用手示意：说下去，多说些！当病情稍稍稳定后，她就顽强地用左手练小楷，拄着拐棍练走路。她要以自己的毅力战胜病魔，重返工作岗位。她曾两次坐着轮椅到保健院各处巡视，去看新落成的营养食堂，到"母婴同室"病房看望产妇，到肿瘤病房看新安装的设备…… 用那只尚能抬起的左手，艰难地一针一针编结了一条毛线围巾，并密密地勾上一圈花边，托人送给负责科研攻关项目的庄医生，其包含着勉励、关怀、爱护，她温暖着庄医生的心，也深深打动了全院职工。

再没有哪一个词能比"奉献"更简练、更形象、更准确地对张佩珠进行概括了。这是对祖国、对人民、对党的奉献，是医德高尚、医术精湛、医风卓越的医务人员对病人、对医院、对事业的无私奉献，她生命如歌，永远灿烂！

（节选自沈海平《奉献》）

一道绚丽的彩虹

——记 1937 届 张爱玲

张燕驰

张爱玲，上世纪 40 年代初上海文坛上升起的一颗耀眼新星，从第一篇小说《沉香屑——第一炉香》在周瘦鹃办的《紫罗兰》杂志上发表，立刻引起人们的注意，紧接着《第二炉香》又编了出来。然后便一发不可收拾，《倾城之恋》、《金锁记》、《连环套》、《红玫瑰与白玫瑰》、《心经》、《琉璃瓦》等，她的小说与散文如“丝路花语”般漫天飞舞，成了当时文坛的奇迹。著名翻译家傅雷先生在《论张爱玲的小说》中指出：“毫无疑问，《金锁记》是张女士截自目前为止的最完满之作，颇有《狂人日记》中某些故事的风味。至少也该列为我们文坛最美的收获之一。”然而，张爱玲的创作奇迹只是一瞬间，抗日战争一结束，她的创作黄金时期便过去了，就像划进夜空的一颗彗星。由于众所周知的原因，50 年代初张爱玲去了香港。此后在国内她不再被人提起，中国现代文学史上没有了她的痕迹。

随着岁月的流逝，时代的变迁，张爱玲留下的奇丽而又精美的佳作，却越来越受到人们的注意和喜爱，不仅在海外华人中，有不少张爱玲的“发烧友”。80 年代以后，在国内也有越来越多的人喜欢张爱玲的作品，喜爱她用精致的笔触描绘出的 20 世纪 40 年代上海都市市民的生活。她的“生命是一袭华美的袍，爬满了蚤子”；“出名要趁早呀！来得太晚的话，快乐也不那么痛快”等，成了经典名句，时常被人引用。多卷本《张爱玲文选》成了一时的畅销书。当年“彗星”划出的那条亮弧化成了一道绚丽的彩虹。

张爱玲在上海圣玛利亚女校度过了整个中学阶段。在读书期间，她便爱好写作和绘画。她很幸运地遇到了国文教师汪宏声，这是一位颇具国教之道的教育家，在教会学校

1937年张爱玲毕业于圣玛利亚女中

张爱玲初一时，左8灰衣者

普遍轻视国文的情况下，他却注重于国文训练，尤其注重作文。与其说张爱玲是他的得意弟子，不如说正是他的诱导，从根本上唤起了张爱玲潜在的文彩神韵，挥洒出她最初的华章。第一篇作文《看云》，汪先生便发现了张爱玲极具文学潜质。他不吝词语，极力赞誉她的才情，常常当堂朗读她的作文，或是请张爱玲上台来谈写作体会。

圣玛利亚女校的校刊《国光》、《凤藻》上常常有张爱玲的习作发表。如早期作品小说《牛》颇有“五四”新文学的风雅，它描写了农村的贫穷却又田园般宁静的生活。她的另一部早期小说《霸王别姬》，被认为“如出自壮士之手”，其文笔老道，立意新锐，很难让人相信这是一位中学生的习作。

圣玛利亚女中的教师爱才惜才，常常容忍她在行为规范上小小的过失。如作业什么时候交，宿舍里鞋子应放在什么位置，她常常是“我忘了”，人们也习以为常。校园生活给她提供了一个自由发展的天地。在毕业两年后的一篇文章《天才梦》中，她心怀感激地写道：“在学校里我得到自由发展，我的自信心日益增强。”

的确如此，张爱玲虽然出生于名门之后，却无法享受普通家庭的天伦之乐，尽管靠着老祖宗遗产，衣食无虞，但大家族成员间的内讧、父母离异，后母的冷眼，使她饱受心灵摧残。她本来就是一个极为敏感的人，因为不能忍受在吸食鸦片的父亲的烟床旁等候着讨钢琴学费，她干脆不学钢琴。她的同班同学，今年已 84 岁的顾淑淇老人回忆说，在女校住读期间，张爱玲是个沉默寡言的人，女孩子们吵翻天，她总是在一旁默默不语做她自己的事，或画画，或看书。在中学期间她就不断扩大自己的文学实践领域，小说、散文、书评、杂文，她操练着各种文体，她的语言越来越有特质，越来越显示出她的个性特点。一如她以后的作品，文字带有瑰丽的色彩、独特的感悟。

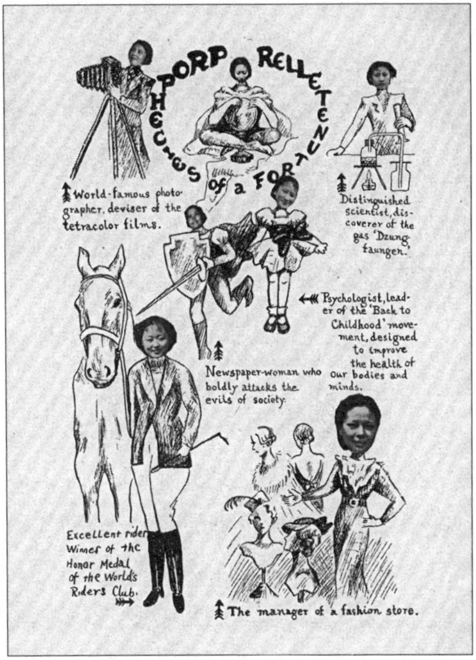

1937年《凤藻》上张爱玲画了“预言家”的漫画，画中张爱玲手捧水晶球盘腿坐在正中上首。

在随笔《心愿》中她写道：

“时间好比一把锋利的小刀——用得不恰当，会在美丽的面孔上刻下深深的纹路，使旺盛的青春月复一月、年复一年地消磨掉；但是，使用恰当的话，它却能将一切普通的石头琢刻成宏伟的雕像。圣玛利亚女校虽然已有五十年历史，仍是一块只会稍加雕琢的普通白石。随着时光的流逝，它也许会给尘埃染污，受风雨侵蚀，或破裂成片片碎石，另一方面，它也可以给时间的小刀仔细地、缓慢地、一寸一寸地刻成一个奇妙的雕像，置于米开朗琪罗的那些辉煌的作品中亦无愧色。这把小刀不仅为校长、教师和明日的学生所持有，我们全体同学都有权利操纵它。……与全中国其他学校相比，圣玛利亚女校的宿舍未必是最大的，校园的花园也未必是最美丽的，但她无疑有最优秀、最勤奋好学的小姑娘，她们将以其日后辉煌的事业为母校争光！……

在毕业后的岁月里如果我没有克尽本分，丢了荣耀母校的权利，我将感到羞耻和悔恨。如果我在努力为目标奋斗的路上取得成功，我可以欣慰地微笑，因为我也有份用时间这把小刀，雕刻出美好的学校生活的形象——虽然我的贡献是那样微不足道。”

这是张爱玲毕业那年写的一篇文章，可以感受到一颗年轻的心对母校充满感激之情，对未来充满着信心。出校门没几年，她就成了文坛上的大红人，她以自己的卓越才华为母校争光添彩。

探索不止，傲然绽放

——记1937届 韦澄芬

市三女中2014届 蔡莹 赵媛

她是一位旅美华人，
她在圣玛利亚女中成长，
她在世界科学领域绽放。
她，成为哈佛大学英文哲学博士，美国东密执安大学数学教授。
她，担任了美国数学学会密执安分会主席、理事长。
她，被美国数学学会授予“突出贡献奖”，列入“美国妇女名人录”。
她就是韦澄芬，圣玛利亚女中1937届的毕业生，一位探索不止、傲然绽放的女性。

1937届韦澄芬毕业照

圣玛利亚的回响

韦澄芬在圣玛利亚女中时与张爱玲是同班同学。张爱玲虽然在班上不爱与人交往，对同学的特性却了如指掌。1937年圣玛利亚女校校刊《凤藻》刊登了张爱玲的的预言，由漫画和真人照片相结合，在旁边用英文标注了同学未来的可能。其中就有写道——韦澄芬：杰出的科学家，“澄芬氢”的发现者。不得不说，张爱玲与生俱来的洞察力可见一斑。韦澄芬日后的确在数学领域成为世界级的科学家。

圣玛利亚女校为韦澄芬带来的自然不止是张爱玲的一句预言，更多的是用自身的魅力去感染、浇灌每一位同学。“圣校给我们的印象确似慈母一般的温柔，仁爱；又如玛利亚像那样的严肃，贞静。”这是韦澄芬的同学之一叶莲珍在1937届的毕业纪念册中所写，足以见得圣玛利亚女校所具有的影响力，就如韦澄芬自己所说：“母校训练和造就了我们坚强的性格，严格的纪律和坚定的信念。”

学习道路的探索

韦澄芬自圣玛利亚女中毕业后便在圣约翰大学学习，成为英文系文学士，之后前往美国进修。1947年，她在哈佛大学Radcliffe学院获得英文哲学博士学位。或许在我们眼里在获得博士学位后就该停止了、休息了、不再致力于学习了，但韦澄芬却并不就此满足，在1954年她又在密执安州立大学获得数学硕士学位。

数学与她先前学习的英文哲学可谓是相距甚远，且数学之于很多人、尤其是女生来说，都是一个难以攻克的问题，但韦澄芬却在数学领域里闯出了自己的天地。

究竟是什么让她开始攻克数学的堡垒呢？这很难说，但我想个人的兴趣一定是必不可少的因素，而她自己所说的“坚强的性格”、“坚定的信念”更是成功的因素之一。在那个年代旅美学习，是我们难以想象的困难，而韦澄芬却在这条道路上走得风生水起，她的经历是否能给养尊处优的我们以很大的启示呢？

科学领域的绽放

在获得数学硕士学位后她在东密执安大学出任数理统计教授，直至1984年退休。她曾任美国数学学会，密执安分会主席、理事长，荣获美国数学学会“突出贡献奖”，被列入《美国妇女名人录》、《美国科学界名人录》、《国际名人词典》等，她的履历上硕果累累令人艳羡。

她曾为母校留下这样一段话：“我们怀着骄傲和思恋的怀旧心情，回想那形成性格的年代，它们在我们生命中曾留下如此不可磨灭的印象。我们为那时的学习和乐趣而心怀感激，但是，更重要的是母校训练和造就了我们坚强的性格，严格的纪律和坚定的信念。”

她是我们学习的榜样，是圣玛利亚女中的骄傲！

旅居美国的韦澄芬（左1）与家人

倡导设立郑慧君奖学金

韦澄芬在市三女中留下的另一个印记是，她还是“郑慧君奖学金”的创导者。1992年韦澄芬从海外回国，来到市三女中参加母校百年校庆，她此行还有一个任务，就是为在圣玛利亚女校、市三女中任职33年的郑慧君老师设立教育基金，以资助贫困优秀学生完成学业。

郑慧君老师1932年从圣玛利亚女校毕业后留校在办公室主管学生注册、登记成绩等工作。在外籍教师离开学校后她又担任英语教师直至1965年在市三女中退休。

1992年旅美的韦澄芬（37届），周梅华（38届），盛钟庆（39届），陈渝生（33届）四位校友倡议建立郑慧君教育基金。她们与加拿大、美国、港台等九十多位校友联系，集资成立了一个以郑慧君命名的教育基金，其中主要的出资人是韦澄芬。如今郑慧君教育基金和薛正教育基金、君远奖学金一起作为鼓励和帮助在市三女中就读的品学兼优的贫困学生，已经运行了二十年。

韦澄芬，一朵在美国盛开的科学之花，鲜艳又芬芳。它的种子来自圣玛利亚女校。（本文根据资料整理）

耄耋之年忆往昔，闲看庭前花开落

——访 1946 届陈美廉，谈 1937 届陈美朴

市三女中 2014 届 马辛雨

陈美廉校友系圣玛利亚女中 1946 届毕业生，之后就读于圣约翰大学化学系，1949 年冬季毕业，留校在数学系任教。1952 年院系调整至华东师范大学数学系，历任讲师、副教授及教授。从事微分方程领域的教学及科研工作，至 1992 年退休。

在我访问时陈美廉老师已届 84 岁高龄，由于身体有些不适，加上近来沪上天气异常炎热，所以我们就以电话聊天的形式进行交流。虽然是借助电话，但还是依然可以感受到这位女士不一样的风采。

原本有些低沉而乏力的声音在聊起读书时代的故事时，一下子就来了精神，她告诉我，当时在圣玛利亚女中上学的时光真的是非常非常快乐的一件事，当时的学校非常注重德智体美劳全面发展，陈老师说，她们班共有三十多个学生（当回答我有三十人时，为了让我听明白，陈美廉老师还调皮的说了 thirty 然后像孩子恶作剧一样笑了），大家对体育课都很喜欢，但当时条件较差，学校还没有体育场地和设备，只能向圣约翰大学借用，所以同学们非常珍惜每次上体育课的时光。在课余时间，学校还经常组织各种文体活动，如跳高、跳远、游泳、各种乐器及舞蹈等。仅在她的班里就有三人于钢琴科毕业，姐姐班中有两人获上海市游泳冠军。在回忆自己快乐的读书时光时，陈老师还不忘用关切的口吻关照我们千万不能把学习看作负担，要发自内心的喜欢和有兴趣，才能把每门功课学好。从陈老师的谈话中，不难听出那语气中透露着些许自豪。

当时的圣玛利亚女中还很注重培养女孩子的艺术气质，常组织大家看各种歌剧、话剧等舞台表演，有时会没有座位，但是这不能阻止她们的热情，宁愿挤在一边站着看也

1937年陈美朴毕业于圣玛利亚女校

要欣赏完一整场剧。可能是从当时的圣玛利亚女中就开始对艺术的重视，所以如今的市三女中也格外重视这方面的培养，经常组织我们看话剧，赏芭蕾。

后来我们谈到为何会对理科产生极大兴趣，陈美廉老师说，这都与她姑妈陈德贞老师对自己的启蒙教育有关。陈德贞老师早年毕业于金陵女子大学，毕生致力于教育事业，曾在多所女校包括圣玛利亚女中任数学教师。她授课生动，对学生要求严格，课余喜爱阅读自然科学类杂志和书籍；当时陈美廉老师还是个孩童，在姑妈引导下，也常翻阅这些书刊，特别是像《科学画报》这样的刊物，她看得很有兴趣，因此和自然科学结下了缘分。陈美廉老师在回忆中还提到陈德贞老师为人风趣，待人亲切和蔼，是她学习道路上的引导者。

当我问起陈美廉老师一生的成就时，她笑了，谦虚地说自己只是个普通的教书人，哪有什么成就可言，她只是个平凡人，一生都过的很平淡。但我们知道，这只是一个经历过漫长人生旅程的老人在看淡一切后的从容、谦虚，自嘲罢了。陈老师教出了无数优秀学子，唯一遗憾的就是自己的孩子没有受过高等教育，只怪当时的时代作弄人、荒谬的读书无用论！

据我们所知，陈美廉老师的姐姐陈美朴也是圣玛利亚女中的校友，曾任中国福利会上海国际妇婴保健院副院长，是很有成就的妇产科医学专家。因为陈美朴奶奶今年已 97 岁高龄，我们不便打扰。陈美廉老师回忆，对姐姐最深刻的印象是她对工作的认真负责态度和对病人全心全意服务的精神。她平时都住医院宿舍，很少回家，为的是能及时处理日常医务工作，有时逢节假日，她回家看望老母亲，也常有急事被医院来电叫回去。从她身上可以看出医务工作者的奉献精神。她在家中很少谈论工作，陈美廉也难于提供更多细节，因此我们只能从网上资料中去查询。

陈美朴奶奶毕业于圣玛利亚 1937 届，和张爱玲同班。但在张爱玲的预言家漫画中并没有陈美朴，同时缺席的还有张佩珠，陈、张两位后均就读圣约翰医学院。这两位学医的同行后来成为宋庆龄领导下的中福会上海国际妇婴保健院的同事，并担任正副院长。

建院初期很艰苦，陈美朴和张佩珠两位院长带领大家走街串巷深入城市和农村广大劳苦妇女中，改变她们的健康观念，为保障新中国妇女和儿童的健康不懈努力。通过资料，我们仿佛看到了神采奕奕、鹤发童颜、充满睿智的老奶奶在热情接待美国医学专家，聚精会神埋头编撰文章，严谨地主持论文交流会。我们仿佛还看到了她行走在乡间田埂上，耐心又热情地为农村妇女讲解妇婴保健知识；在病房里带着年轻医生巡视，仔细问诊，悉心辅导。

1946年毕业于圣玛利亚女校的陈美廉后任华东师范大学数学系教授。

陈美朴奶奶是资深的妇幼保健医学专家，她有着慈祥的容貌、爽朗的笑声。当年轻医生问起她取得的成绩，她总是归功于“源于一代又一代人前仆后继的共同努力”。对于她自己所做的，言之甚少。她总是嘱咐医院的年轻医生“一定要沿着宋庆龄事业宗旨的线路，团结、努力、奋斗，在新的平台上更好更快地踏步向前。”年轻的医生们感悟她“大医为民”的侠骨柔肠，对儿童保健院事业无比关爱的情怀，让他们真正体会到这位为历代保健院人尊敬和爱戴的人物的魅力所在。

采访完陈美廉老师，了解了陈美朴医生，我们感悟到，我们现在要做的唯有珍惜，珍惜现在的时间、条件，珍惜所拥有的一切，当你停止抱怨，你就会发现，天，原来是那么蓝，风，原来还有点甜，一切都还很美好，只是，你不要再让今天成为你明天叹息的昨天！

永无休止的学习

——1938届 凌励立教授自述

向高峰攀登的读书时期

我祖籍浙江新登。新登过去属杭州府，现为浙江富阳县新登区，盛产茶叶、木材，是个富饶的山区。我出生于1920年7月31日，当时父母正在江苏扬州工作，我一岁时随父母来上海定居，因此是地道的上海人了。

我出生在一个知识分子家庭，父母都是医生。我一生的学习和工作受母亲的影响最大。她虽生在清代，但九岁开始在美国教会办的女校寄宿读书，在思想上是一位受西方思想影响的开明的新女性。她本人是一位“活到老，学到老”信念的坚定的奉行者，做过小学校长、中学英语老师，30多岁学习医学，业余学习小提琴，60多岁参加医学教育培训班以提高她医务水平，70多岁高龄还听广播学习俄语。正是母亲，把我引导到受教育的最高峰去攀登。

我3岁随母亲去浙江上虞，在她当小学校长的幼儿园读书，6岁回上海念小学。母亲对我的教育方式是放手让我自己遨游在知识的海洋里，但关键时刻，她要指导和拉一把。我从小求知欲强，争胜心更强，非要样样拿到第一不可，所以读书十分自觉，在小学时各门功课成绩优异。我兴趣广泛，阅读了大量成年人看的古典名著，如《红楼梦》、《西游记》等，还有《封神榜》、《七侠五义》、《秦雪梅吊孝》等。

小学毕业后、母亲异想天开，要我学广东话，把我送进“粤侨”崇德女中（现同济大学附属七一中学）。当年在上海有许多广东人集居在北四川路一带，自称“粤侨”。这是美国教会办的女中，从教师到学徒是清一色的广东人。我是唯一的“本地人”，听不懂、

1938届凌励立

凌励立教授于1951年与约大医学院校友合影，后排左一为凌教授。

讲不来，学校英语课又很深，我陷入困境。在这关键时刻，母亲每天晚上教我英文，然后又让我去奋斗。1931 年到 1934 年，我在广东学校拼搏，用广东话背诵“古文观止”，用英语写作文还得了奖，我参加歌咏唱英语歌曲，打篮球并迷上了它，课间十分钟钻进图书馆看“万有文库”。我这时已成长为一个兴趣广泛、全面发展、通晓粤语的女学生。真没想到，我日后在广州、香港、加拿大，讲广东话真大派用场呢！

母亲还要我进更好的学校。虽然当时家境清寒、父母收入菲薄，但母亲千方百计，把我送进上海著名的贵族暨教会女校——圣玛利亚书院（即女中）去住读。与富裕的、有私人汽车接送出入的同学相比，我是个十分朴素的“丑小鸭”。但我不甘心居人之下，经过努力，我得了一枚全初中中文课程最优生的金牌（刻着“两江总督”），又得了一枚全高中英文课程最优生的金牌，上面刻着我的名字。我对体育还是着迷，又成了校体育会会长。1938 年，我从圣玛利亚女中毕业，直升圣约翰大学。

1938 年毕业前夕，“美国大学妇女”基金会授予我 400 元奖学金，因我入大学时成绩优异，圣约翰大学又给我两年免交学费的奖励，这大大缓解了我读大学的经济困难。当时的圣约翰大学是上海著名的教会大学，以英语水平高和贵族化著称。由于我入学前英语水平预测成绩好，让我免修一、二年级英语，直接修三年级英语。我靠着奖学金和母亲辛勤的劳动的收入，再加上我晚上在图书馆值班，念完了七年制的医科大学。1942

年获理学士学位，1945 年获医学博士学位，由于我每年都名列全班第一名，我以“荣誉毕业生”在盛大的毕业典礼上领取文凭和奖品。

母亲因为工作繁忙，竟未能参加我领金牌和高中、大学的毕业典礼，但我心灵深处有她的一座丰碑。是她，以她的志气、勇气和毅力，带领我一步一个台阶向高峰攀登，使我成为一个英语基础扎实，德、智、体全面发展的女医学博士。

妇产科医生生涯

我的中学和大学时期都是在抗日战争烽火中渡过的。1945 年，美国扔下原子弹，日本投降，抗日战争胜利。我这个医学博士满意地合上读书时期最后一页，选择了妇产科专业。但是，日子过得很动荡，由于时局、结婚、生孩子、爱人出国留学等种种原因，我的工作也如同在母腹中躁动的胎儿不停地动荡换了几个地方。

凌励立在工作中

1945–1946年，我先后在上海宏仁医院和南京中央医院做妇产科医生。1946年去教会办的无锡普仁医院。1947年我的大孩子出生，1948年我爱人去美国哈佛大学麻省总医院进修骨科。我一个人带着孩子工作并经历了解放战争。1951年我结束了六年妇产科医生生涯回到上海圣约翰大学医学院——我的母校。

这六年过得很平常，但又很不平常。做一名妇产科医生，担负着母婴两条性命，要求高度的责任感。工作非常辛苦，有时36小时不停地工作。解放前夕，物价飞涨，生活很艰难。那时已联系好的去美国进修也落空了。如果说这六年妇产科医生生涯对我一生的事业有什么影响，那就是在我从事病理解剖学(一门基础医学科学)工作时，我时时不忘记我的服务对象是活生生的病人，而我始终是一名医生。我在1951年回到圣约翰大学医学院时改了行，选择了我为之投入一生的事业——病理解剖学。这是医学院课程中一门"桥梁课"，联系基础医学和临床医学。从事这项工作，允许有倾向性，可以立足于基础病理，也可侧重于临床病理。我做了六年临床医生，立足于临床病理，我教的是病理，研究的是病理，但我更是一名不脱离病人的病理工作者。

好为人师

我1951年回到圣约翰大学医学院任病理科讲师。当时我是"临时观点"，考虑到病理学对妇产科医生很重要，做一、二年提高自己业务水平再回到妇产科，没有想到却彻底改行了。1952年全国性大学院系调整，圣约翰医学院和天主教会办的震旦医学院，私立的同德医学院合并，成立上海第二医学院。原来的教师还可有选择自己去向的余地，但我服从工作需要，安心地改了行。我从讲师升到副教授、教授，至今整整四十年。我担任过病理解剖教研室副主任、主任。建校时任教的四名教师中，我是目前仍在上海二医大的唯一的"元老"。四十年来,我始终站在教学第一线,历次教学改革，我都是搞试点的"尖兵"。我教过的学生遍布全国各地、五所附属医院，有的去国外深造，至今保持联系。他们对我十分尊重和敬爱，这也是我的最大收获。1989年我把教授的编制让给教研室众多的副教授而主动退休。退休后，我仍"好为人师"，至今以不同形式"争"着，"讨"着去教任何有机会接触的人。这种"教"是没有报酬的，出自兴趣和对教学的热爱。退休后我还有不少工作，它们到我手中就变成了"教学"。

圣约翰大学医学院1945届老校友在约大故址合影。左一为过邦辅教授，左二为王悦琴教授，左三为凌励立教授。右一为江绍基教授，右二为王一山教授。

就拿为杂志审稿来说。审稿无非是评议一下文章的优缺点，并提一提是否同意发表，但我审稿时总是把这项工作视为替青年教师修改讲稿，指出缺点时还要指导如何修改；为提高作者业务水平还介绍文献和最新知识。有时明知没有必要写上那么多，但每次审稿还是“好为人师”。

又如青年教师为了填写出国申请表格，外文有困难来找我。本来很简单，解释一下就行了，但我又动真格了，把自己放到了“老师”的位置上。我要教他们通过填表学到英语。我要他们当我的面先自己查字典，自己分析。有时还要训斥他们不用功、不主动、依赖心重等等。一面教，一面“训”，有时弄得对方很不好意思。等我觉悟到又犯了“好为人师”毛病而请对方原谅时，对方只好说：“凌老师，你是为我好。”

和我的心脏病“较量”

1971年的一天，我正去上班，突然心律严重不齐，患了心房颤动。从这以后，房颤频繁发作，还出现各种心律紊乱。开始的16年，房颤是阵发性的，但发作时心律很快，经常去急诊室或住院。1987年开始，房颤变成持续性了。几年来，我的心脏搏动不是从窦房结(正常起搏点)启动，而是一种十分不规则的跳动，当我发病很厉害躺在病房时，远远看着我上班的教学大楼，我想，今后不会再回到那里去了。但二十年来，我奇迹般地生活着、工作着，而且工作量有时很大。我不仅在国内工作，还到国外去作学术报告，参观访问。80年代的10年期间，我四次去了美国，第一次在1981年，我和爱人被邀请作为客座演讲人在美国新英格兰骨科学术会作学术报告，会后还参观了美国近20个城市的医院或作演讲。第二次在1983到1985年，我作为访问研究学者在美国纽约大学教学医院关节病医院骨科研究所做骨科病理的免疫组织化学、形态定量技术和电子显微镜研究工作。第三次在1987年，第四次在1989年，是参观兼探望在外留学的三个子女。1986 年去日本参加肩关节会议并作学术报告，被日本东京大学和日本东海大学授予客座教授的荣誉。1988 年我去西德探望女儿并参观医院和药厂，还游览了捷克和瑞士。1990 年我去加拿大探望女儿。这十年我以一个严重心律不齐的病人，畅游饱看了世界，利用国外有利条件达到我业务上的高峰，辛勤劳动获得的成果远超过以往三十年。近十年发表的论文比“文革”前多几倍。有时发表在国外杂志上，《中西医结合治疗骨折综合征》一文曾获 1982 年卫生部甲级科研成果及市科协优秀论文奖。编著及译著六部，《病理学》一书曾获 1984 年全国优秀教材奖。四十多年来，我在病理学领域专攻骨科病理，并且起步早，填补了国内这方面的空白，但我没有把丰收的果实视为个人私有财产，而是作为培养年轻人的资源。我举办骨科肿瘤学习班，我高兴地参加中华医学会举办的骨科学习班讲课，我还主动参加并帮助提高附属医院的病理读片会。这些活动在退休后也不停止。我花很多时间帮助年轻人出国深造，解决他们英语的困难。

我是心脏病病人，讲话常气短，但各种讲课有时一次就长达 2~3 小时。我创造性地解决了体力不支的困难。每次讲课，我事先录好音，配上同步的幻灯片，讲的时候一面放录音，一面指点幻灯片上的病理和 X 片图像。讲的时候完全口语化（不是念讲稿），就好象和对着扩音机现场讲话一样。这样，我可不停地讲三小时课，听众再多也不怕。我的录音机也帮助了我战胜病魔带给我的困难。

我在住院或病休期间，还努力工作。在心脏监护病房内，一位灼伤科医生（过去的学生）拿稿子来要我替他修改英文。一位青年助教要我指导他学习英语，我乐意作他的启蒙老师。后来他考取公费留美，在美获得博士学位，还在世界闻名的哈佛大学工作过。有一段时间我休病假在家，夜以继日地把《灼伤治疗》一书译成英文。灼伤不是我的专业，但二医大附属瑞金医院的灼伤科是世界闻名的。大学组织翻译，我担负其中三分之一。有一章难度特别大，是“中医治疗灼伤”，主译把它交给我。许多中医术语无相关用语可参考，完全要自己去体会译成英文。许多中草药中文名词需要找到拉丁文原词。此书于 1982 年由上海科技出版社和德国一家著名出版公司出版，是我在重病时的成果，特别感到珍贵。

我不能忘记为我打下优异和扎实的英语基础的中外老师和母校，使我在国外时英语应用自如，完全不必他人翻译，还能用笔译把我国先进经验介绍到国外。当然，我更不能忘记支持我攀登高峰的母亲。

活到老　学到老

古谚曰:“生命从六十开始”,这话对我很适用。“文革”耗费了我四五十岁的大好时光。1983 年我已 63 岁，应美国纽约大学关节病医院骨科研究所邀请，赴该所病理科研究“骨科病理”两年。我虽从 1958 年开始以骨科病理为我的重点科研，但十年动乱严重干扰了我的事业。1981 年我去美国参加学术会议、讲学、参观和访问，大开眼界，但三个多月时间参观二十多个城市总是走马观花。这次有机会在美国最大城市纽约的一个著名骨科专业研究所较从事长期的科研，实在是我渴望已久的。我不顾年龄大又有心脏病，一如既往向自己挑战。当时我是副教授的身份，又擅长英语，病理科主任对我很尊重，要我自己选择课题。在 80 年代初期，国内对骨肿瘤的免疫组织化学和形态定量技术的应用还是空白，我自己也没有做过。但我决定从零开始，利用美国实验室和图书馆的有利条件，以分秒必争的精神，把午休周末和晚上的时间都用上了。除科研外，我还为回国后的教学和师资培养收集资料。两年结束，我有三篇论文发表在美国杂志，还带回大量骨科病理的幻灯片，至今是我教学的丰富资料。

在纽约大学的两年，我除在医院工作外，还参加过几个高质量的学术会议和学习班，以我在学生时代的冲劲再攀高峰。可以毫不夸张地说，这两年我干了在国内化大力气二十年也难完成的工作，这两年也是我工作的最有效、最充实、最愉快的两年。

我是一个在旧中国学成的女医学博士，但我的工作大部分时间在新中国。对我来说，学习和工作始终是联系在一起的。学习是我最大的兴趣。我近 70 岁时又开始参加二医大法语培训中心学习第三门外语。同窗的大多数是准备出国深造的年轻人，我和他们一样在班上朗读、回答老师的提问，参加笔试和口试，成绩还算中上，年轻人问我:“凌教授，你还念法文干吗？”他们很难理解。四年前我退休了，但我的学习，我的脑子绝不退休。我天天阅读过去没时间看的文艺书籍，我继续医学写作，我还在不断提高英语水平。生命又从七十岁开始。对我来说，学习永无休止。

三尺讲台广施甘露，一生通达诲人不倦

——访1940届 蔡小谢

赵 芬（上海市省吾中学）

蔡小谢先生1921年出生，圣玛利亚女校1940届毕业生，圣约翰大学经济系1943届毕业生。在圣玛利亚女校期间，蔡小谢先生担任了1940年校刊《凤藻》中文部主编，写出了不少漂亮文章。也在这个时期，她与低她一届的夏孟英认识并熟悉了。夏孟英是1941届，以文章写得好而出名，在圣玛利亚女校有小张爱玲的称号。夏孟英后来是圣约翰大学教育系1944届学生，毕业后即留校任助教。

1944年圣约翰大学几位教育系学生准备筹办一所学校，以解决当时大学毕业生的就业问题。1944年，世界反法西斯战争面临最后胜利，我国的抗日战争也开始转入反攻阶段。6月，中共中央发出《关于城市工作的指示》，指出应准备在时机成熟时，里应外合夺取大城市和交通要道，最后驱逐日寇出中国。夏孟英是当时圣约翰大学中共地下党总支委员，办这所学校就是为了建立一个据点以积蓄革命力量。蔡小谢先生由圣玛利亚女校同学夏孟英推荐参与了省吾中学的创办，是12个创办人之一。她在省吾中学一直工作到1962年，之后调到上海市第三女子中学任教英语学科。1964年春调上海外国语学校（现上海外国语大学附属中学）任教，1977年退休，终身从事中学英语教学，是一位在基础英语教学上颇有造诣的老教师。

蔡先生于我辈而言是高山仰止，景行行止。2013年1月9日，本人有幸同校领导及英语组老师一起慕名拜访了她。见到她时，蔡先生已有93岁高龄，但看起来比实际年龄年轻得多。她和我们亲切交谈，说话和举止都透着温和绵软，低调随和，轻言细语却又思维敏捷、条理清晰，时不时说出哲人智语，令人受益匪浅。

锋芒毕露和内敛藏拙

蔡小谢先生曾就读于圣玛利亚教会学校，这为她炉火纯青的英文水平打下了扎实基础。蔡先生作为首批积极分子之一，排除万难，发起建立省吾中学。这些光辉的过往蔡先生只是平平淡淡几句话带过，只是说和当年的老同事经常电话联系。作为听众，我很难想象眼前这位祥和瘦弱的老人当年是怎样的书生意气，挥斥方遒。相对于这些精彩过往，蔡先生更愿意说她退休后平静的日子，似乎这种播种耕耘、桃李满天下的育人生涯和每日读书看报、终生学习的退休生活才是老先生最珍惜享受的。她在提及英语教学生涯时，让我印象最深的是老先生反复和我们灌输“全英语授课”及“分层教学”的教育理念，即因材施教，把不同程度学生分层，对每一程度的学生予以有针对性的教学，教学相长。蔡小谢先生以最家常的态度和我们笑谈人生，以最认真的口吻向我们倾述她的理念，这正是一个行动利落、为人低调的大家风骨。

脚踏实地兼乐观积极

在整个拜访过程中，我真切感受到蔡先生身上的人格魅力，这种魅力来自对待人生、工作和生活的认真热忱，也源于对后辈深切的关爱。蔡先生阅读英文文献、翻阅英文报刊，用英文和国外同事交流，用英文和亲友交流已成为她的习惯和爱好。用她自己的话说：“英文并没有什么大技巧，无非就是反复读、写、听，日积月累、熟能生巧罢了。”

1940届蔡小谢

1941届夏孟英

蔡小谢为上海市省吾中学创办人之一，2009年回省吾与陈依群校长合影

这句话看似容易，实践起来却并不容易，能几十年如一日学习一门语言，这正是蔡先生对脚踏实地学习的最好诠释。学术上一丝不苟的蔡先生在生活和为人处世上却分外随和宽宥。她认真聆听我们提出的所有问题，详尽解答每个问题，进一步提出自己的观点和看法。当我问及如何调动学生的学习积极性时，蔡老师告诉我她早年教学时常和学生以一个 lost and found 游戏互动，收效不错。但她也说如今教学条件设备好了，听英文歌、看英文电影都是不错的选择。采访过程中蔡老师总是笑着说："你们随便听听吧！"但我们能感受到她的那份良苦用心。

向前看和向后看

蔡先生对自己的要求一直就是学无止尽，勇往直前。因此，现在老先生虽然以至耄耋之年，依然每日坚持精读英文著作，浏览英文报刊。从蔡先生身上我感受到："做人做事都应当努力一些，再努力一些。每付出一点努力就又向前进了一点。"蔡先生的治学态度由此可见一斑。她在自我不断充实提升的同时也十分关心当下年轻一代教师的情况，语重心长地提出几点经验教导，概而言之包括：精心备课，不仅仅是用心备课，更要动脑筋备课，让每一次教学都有效率；多激励学生，让自信和希望成为学生学习过程中的主旋律，快乐学习；营造一种英语学习氛围，寓教于学，将英语影片和英文歌曲穿插在基础学习中。蔡先生这种严于律己的作风和胸怀英语教育事业的情操是我们每一个育人者的楷模，我们应以此鞭策自己，精益求精。

"师者，所以传道授业解惑也。"这句话正是对蔡小谢先生的最好诠释。蔡先生是一名平凡的人民教师，她一生教书育人、传道授业、诲人不倦；蔡先生是一位不平凡的人民教师，她年轻时发起建立省吾中学，年长时研习不倦，胸怀全局。从蔡先生身上，我看到了一个教育人的良知和责任感；看到了老先生的豁达和通透；更看到了自己的不足和缺陷。教书育人，任重而道远，我要以蔡小谢先生为榜样，胸怀全局，不断学习，不断进步！

“我是中国人，来自中华人民共和国”

——记1941届 邢 泽

邢志清

邢泽，曾用名邢佩秋、邢风宝，她是我的大姐，出生于1924年7月14日，比我年长九岁。她是我家第一个走上革命道路的，由于她的影响，我的二姐邢风珍，哥哥邢志澄以及两个兄弟都先后参加了中国共产党。

由于外祖父重男轻女思想比较突出，认为“女子无才便是德”，因此我们的母亲只读完小学，并较早成婚，她把对自己的希望寄托在子女身上。邢泽从小聪明，母亲用心培养她。在邻居的推荐帮助下，邢泽考入了有名的圣玛利亚女中，过的是住读生活，每月只回家一次。她回家说学校的建筑就像一所修道院，大家开玩笑说在校的女生如同一群“小尼姑”。当时在校学生总共不到三百人，都是一些有钱人家的姑娘，像邢泽这样属小房产商兼洋行职员的家庭极少。

记得邢泽自小中文基础较好。一位远亲、老作家顾明道曾寄居我家，他藏书极多，文笔又好。邢泽在他房间遍览群书，深受影响。圣玛利亚女中英语要求特别高，而邢泽自知英语是弱项，因此入学后发奋攻读，结果很快赶了上去，半年内连跳了两级预科班。此后，她每天都会到图书馆看一两小时英语名著，不少是美国作家的名著，她能流利朗读莎士比亚作品，这一切对她提高英语水平和丰富知识有了极大帮助。同时，她也看了鲁迅、茅盾等一批中国进步作家的作品，为她参加革命起了良好的启蒙教育。

邢泽由于成绩优秀，人缘好，同学们曾选她当校刊《凤藻》主编，也曾当过“国光会”、“自治会”会长。她在校中的最好朋友叫夏孟英，她们从预科同进初一，功课都很好，友情也很深。教她们的中文老师汪宏声曾在邢泽的毕业纪念册上题词：“如果孟英是李白，足下便是杜甫。”

邢泽1941年毕业照

中学毕业后，邢泽和她的好朋友一起进入圣约翰大学。因两人都英文好，同时跳级从大学二年级读起。此时因日寇侵华日益猖獗，家庭经济状况日见败落，而几个兄弟姐妹都已在贵族学校读书，家中开支甚大。邢泽只能利用课余时间为三家做家庭教师，挣点钱贴补家用与自已零花。邢泽读的是新闻系，但两年后，学校因种种原因，突然停办该系，她只得改读教育。平时她与夏孟英仍经常跑图书馆看书，她读了斯诺写的《西行漫记》，有些是夏孟英推荐给她的。后来她才知道，夏孟英很早就加入了中国共产党，邢泽在大学读书时，校内的地下党组织看到她思想倾向进步，把她列为发展对象，考察后就动员她去解放区的江淮大学学习，不久又奉命重返上海，继续就读“约大”，于 1945 年 3 月正式批准为中共党员。同时，她到基督教女青年会工作，历任该会劳工部、国际部干事，兼任女劳工夜校校长。邢泽曾配合地下党组织，对已当上准尉飞行员的兄弟做工作，乘在飞向台湾基地的时机，他弃暗投明，奔赴解放区。

上海解放后，邢泽进入上海军管会外事处工作，历任新闻检查组组长、代理科长，1956 年调入中央直属机关，1962 年任中国人民对外协会理事，多次陪同韩素英、韩丁等国际友人，1972 年任中国驻智利大使馆文化专员、一等秘书。1980 年出任联合国新闻部新闻处处长。1985 年 4 月回国离休。

我曾在作者李忠效《联合国的中国女外交官》一书中看到了报道胞姐在联合国工作的片断。我对她的才华更是钦佩……

1979 年初夏，在一次联合国高级官员参加的鸡尾酒会上，联合国秘书长瓦尔德海姆对我国联合国副秘书长唐明照说：“中国是世界上人口最多的国家，可在联合国工作的人却很少。中国应该多派些工作人员到联合国来。”酒会结束后，大使陈楚很快向北京汇报。当时外交部长黄华非常重视，并请示国务院领导。曾在黄华部下工作过，在任中国人民对外友好协会理事的邢泽的材料很快被送到了黄华外长案头，邢泽以她英语好、曾求学“约大”新闻专业、经常与外国记者和作家打交道等独有优势，作为最佳人选推

邢泽20世纪70年代陪同韩素音访问延安时合影

荐为联合国秘书处新闻处长。尽管邢泽长期在外事部门工作，但对联合国的情况却所知甚少，毕竟联合国离她的生活太遥远了。之后她便开始研究联合国，积极准备……1979年夏末，联合国总部的“考官”、人事司司长阿瑟·海勒来到北京。随着考官对她英语口语不时发出的“OK”声，消除了她的紧张心情。“看没看过《联合国宪章》？你怎么理解？”“我认为，30多年来，尽管国际形势和联合国本身都已发生了很大变化，但《宪章》的基本宗旨和原则仍具有重大的现实意义。”又是一声“OK”，结束了谈话。不久，邢泽收到联合国秘书长发来的录用信，出任联合国新闻部新闻处处长。同时被录用的还有外文局的女翻译唐笙，出任联合国中文处同声翻译组组长。

1980年2月1日，邢泽正式走马上任。当她远远看见耸立在曼哈顿东侧的联合国大厦时，心里有一种难以表述的异样感觉。联合国新闻处是直接为150多个会员国服务的，几乎每天都有会，有时一天同时要开几个，每个会都要新闻处出简报。联合国每年印发的文件多达一亿多页，而这一亿多页文件中，几乎有三分之一是新闻处“制造”出来的。联合国实际上是个国际大讲坛，什么代表都要到那里去讲话，而每个代表的讲话都要由新闻处记者负责记录下来，然后必须在会后一小时内将其印成500份简报，放到专柜上，工作量非常大。而这些代表又很难侍候，常为记录整理稿中遗漏的或他认为所讲的某些要点没有采用而不满，有意见提抗议。为此，联合国副秘书长兼新闻部长（日本人）明石康召见她时，善意地告诉她；“你们每天要侍候150多个‘婆婆’，不是一件容易的事情。”邢泽刚上任两周就遇上了麻烦，秘书长责成她去解释一下。这对邢泽来说不啻是个严峻考验，已60多岁的联合国“元老”记者怕她应付不了，主动提出同去参加，明石康副秘书长也出席了这次会议。

邢泽任联合国新闻部新闻处处长

邢泽主持会议，说：“我们今天来，想认真听取各位代表的意见，以便更好地改进我们的工作。请大家畅所欲言。”代表们大约觉得新处长是位东方女性，比较好欺，所以矛头一齐指向了她。所有的指责无非是新闻处的简报这里少写了一句话，那里没有把他们的原意完全表达出来。有的代表情绪激动，大有兴师问罪之势，邢泽拿着小本子，一边听一边记，同时思考对策。她知道对新闻处较多意见是来自亚非拉美的第三世界国家和东欧一些国家，她理解发展中国家在国际大舞台上难免有自卑心理，神经比较敏感，本已人微言轻，再有几句重要的话漏写，岂不等于没说？可是新闻处是联合国服务机构，对所有国家需一视同仁，不可能因照顾情绪而为难记者，做传声筒，一句不落全部刊登。这位第一次在公众场合“亮相”的邢处长早已打定主意“以退为守，以守为攻”。等代表们发表完意见之后，邢泽合上笔记本，从从容容地说：“……我想先表示一个态度，争取今后把工作做得让大家满意。”接着把话题一转，说：“我也想借这个机会，向大家解释一下，我们新闻处工作的特点是新闻报道，不是大会记录员，在简报上只能摘录其要点。每个人站的角度不同，心中的尺度也不一样，所以代表们认为重要的内容，记者却没有意识到，这种认识上的偏差，以后可能还会出现。因此，我也希望你们能够理解。总之,我们主观上一定努力为大家服务好,客观上尽量减少失误。我的话完了,谢谢大家。”邢泽用的是英语，抑扬顿挫，侃侃而谈，态度显得很诚恳，柔中有刚，让代表们不敢小看她，又说不出什么。会后，那位“元老”记者也高兴地说：“Mrs. 邢，你讲得很对，很好，我给你已打印出来了。留作纪念吧！”那天，为中国代表作同声翻译的中文处唐笙组长也在会场，她亲眼目睹了那个气氛紧张的场面，会后对邢泽说：“当时我真为你捏了一把汗。你今天的英语发挥得很好。其实你完全可以用中文讲的。”邢泽说：“在这种场合如果我用中文讲话，明摆着会让人家看不起。今天，我是联合国职员，我必须硬着头皮讲英语。”

在联合国工作期间，邢泽总爱穿中国的服装，酒会上总自我介绍：“我叫邢泽，来自中华人民共和国……”在联合国工作的五年多，结交了许多新朋友，她都会告诉他们;“我是中国人。”然后再缀上一句：“我来自中国。”

上世纪 70 年代韩素音来访，周总理很重视这位有爱国感情的英籍华裔女作家，当时是龚澎选中邢泽接待韩素音的。龚澎和邢泽虽同读圣玛利亚、都当过学校国光会、学生自治会会长,但却从不相识。韩素音对她的陪同非常友好和满意,特别在“文革”期间,在邢泽联络、陪同下，她在新疆、西藏等地进行了访问、调查。邢泽的名字能在著名女作家韩素音的自传体小说《吾室双门》一书中 140 多处提及，是一种肯定和荣幸。

胞姐离开人间已有一年多了，她忠诚于祖国，为母校、为家庭争了光，为祖国赢得了荣誉，我们永远怀念着她！

我愿做燃烧的蜡烛

——访 1941 届校友 葛成筠

市三女中 2014 届 朱世祺 肖旻君

繁华的都市街角，一栋红砖青瓦的公寓格外引人注意，与周围时尚的氛围不同，它散发着悠久的气息。这里便是年近九旬的葛成筠老人的住所。母校生活虽已过去数十年，但她至今依旧记得当时的点点滴滴，话语中无时不流露着对母校的怀念之情。

走进屋中，葛成筠老人忙从床上爬起招呼我们坐到她身旁。我们告诉她是市三女中的学生，专程来采访她，她听后竟显得有些不好意思，谦虚地说："市三女中（圣玛利亚女中）是所非常优秀的学校，从那里走出非常多优秀的女性，像我这样的根本不算什么。"在对她的采访中时刻能感受到她的谦逊，"我只是个平凡的人，我只做了该做的事，没有什么值得夸耀的。"这是老人在采访中时常提到的一句话，我想也正是这种谦卑态度，使她在获得道德模范，三八红旗手的荣誉及眼科领域众多成就后依旧能以一颗平常心对待每一天的工作，取得更大成就，培养一批批杰出的青年医生，造福更多患者。

葛成筠1941年毕业照

屋中的的五斗橱上放着圣母玛利亚像，床头柜上的《圣经》引人注意。老人解释道，圣玛利亚是所教会学校，时常会做礼拜，这样的习惯也保持至今。"当时有那样一个环境，你不要想着他们是传教，他们教给你做人的道理，这个是好的。"由于有这样的信仰，所有人能够团结在一起，互相帮助，共同完成目标；由于这样的信仰让她时刻铭记怀着感恩的心，帮助需要帮助的人。

母校记忆

提起母校，葛成筠老人仍然能够清晰记得学校每一处布置。进入一个院子便可看见教学楼，有大的课堂，也有小教室，旁边还有医务室。对医务室，老人深有感触。“医务室里有一间间病房，如果你身体不舒服了，比方说感冒了就和里面的老师说，她会给你一点药，让你睡在病房里，不让你到宿舍去，怕传染给别人。在那时候，圣玛利亚女中的医疗条件已经可以算是比较先进的了。”她还提到一次她生病，医务室老师对她无微不至的照顾让她深受感动，她希望自己今后也能在别人生病时带给别人温暖，消除别人的痛苦，成为一名医生的想法从那时油然萌生。

师生情大概是许多人都愿意提及的，而葛成筠老人则对老师表现出了恐惧，她将学生与老师间的关系比喻为老鼠和猫的关系。由于学风严谨，圣玛利亚女中的老师都很“凶”，回忆这段往事时，老人还做出了害怕的动作，非常坦白地告诉我们，当时她非常怕和老师交流，也不怎么喜欢老师，看到老师都低下头说 :“老师，对不起，我错了。”说起那时，老人也笑了，那时的自己十分单纯，因为老师凶而害怕她们，见面不由自主开始承认错误，可究竟错在哪里，自己也不清楚。“那时学校有大约 280 人，全部住宿。每到星期天父母把我们送到学校，我们都是哭着进去的，因为害怕老师，不愿意进去。”说完自己的故事她还饶有兴致的询问我们 :“现在师生关系是不是和睦？老师是不是温柔亲切？学生应该都很喜欢老师。”我们一一作答。虽然自己不喜欢那时的凶巴巴的老师，但葛成筠老人承认那种严谨、严格的态度影响了她的学习生涯也将它带到了工作岗位上。

同仁医院眼科医生葛成筠

葛成筠全国三八红旗手证书证章

医疗工作容不得马虎，自从进入医院工作，她一直认认真真，不敢有丝毫怠慢。正是因为老人严谨的态度和精湛的医术，退休后又返聘同仁医院。当问及退休后还从事医疗工作是否辛苦，老人毫无犹豫的回答："不辛苦，有一个工作，一个你可以为之奋斗终身的工作，生活才有滋有味"她还用英文对我们说："圣玛利亚女中告诉我做杰出的女性，也告诉我要懂得 devote（奉献）！"

葛成筠上海市劳动模范和上海市人民代表证章和证书

老人回忆道："我的父母把我送到圣玛利亚女中，因为这里名誉好，英语好，都是由外教讲课，他们认为英语以后可以派上用处，以后找工作也好找。"旧时代女性地位是卑微的，"女子无才便是德"的封建观念深入人心，女性在许多工作上都受到歧视，而正是在这样的背景下，葛成筠立志要出人头地，为社会做贡献，她要让别人知道，男人能做的事女人一样能做，女人也能吃苦，女人也能成就一番事业。她勉励母校的学生，无论什么时候都要相信自己有能力，能多做一点就多做一点，只要坚持不懈，只要发奋图强，女性也能撑起一片天！

看着葛成筠老人瘦小的身躯，我们竟感受到了一种力量，一种自强不息，一种让她终身为事业奉献的力量，让我们为之动容。她一生牢记母校的教诲，奉献毕生精力在眼科事业上，在五十年的医务生涯中勤勤勉勉，临床指导，手把手教导青年医生又多次下乡为农民治病，让无数人重见光明。如今她依然谨记 1941 年在母校毕业时许下的诺言："我愿做支燃烧的蜡烛，却不愿让它慢慢融掉。"

人之为“乐”松常青

——访徐仁四姐妹

市三女中 2015 届 吴紫荆 万鸿嘉

圣玛利亚女中思孙堂前的大草坪一直翠绿，现在已经消失。当年漫步其间的青涩少女现已带着成就与荣誉步入耄耋之年。70 多年前，在圣玛利亚女中，有这样四姐妹——徐仁、徐庆祥、徐智和徐信——她们在这里留下了朗朗书声、盈盈笑脸。2013 年 8 月我们很荣幸采访到了徐仁老师，听她娓娓道来她和三个妹妹对圣玛利亚女中的感情。

徐仁老师常挂在口中的一句话便是：“知足常乐，助人为乐，自得其乐。”她的“乐”无处不在，采访期间我们就被她温暖的笑容深深打动。

“乐”为学——感怀学习之道

跟随着徐仁老师的思绪，我们回到了 70 多年前的圣玛利亚女中，回想起古朴的思卜楼、思丁楼，萦绕着无数回忆的大草坪。圣玛利亚女中是美国基督教传教士到中国来办的一所学校，有着非常浓厚的宗教色彩和丰厚教育资源。徐仁老师清晰的记得，除了国文课、历史课、地理课，其他课程都由外国老师授课。那些外国老师风趣幽默，上课的课堂氛围轻松愉快。徐仁便在这所充满快乐的校园度过了自己的青春年华。如今的她依旧能说一口流利的英语，她说正是圣玛利亚女中给她的英语打下如此好的基础。

高中毕业后，徐仁老师以优异成绩考入圣约翰大学心理学系。在圣玛利亚女中独特的学习氛围下养成的“乐学”使她的大学生活多姿多彩。

“乐”为人——丰富生活意义

正如现在市三女中育人目标中的“关爱”一样，徐仁老师用快乐感染着周围人，用自己的专业知识帮助所需者。她说：“我呢，要将心理学融入教育，融入生活。”在她的工作岗位上，她也取得了属于自己的荣耀。徐仁老师是两弹元勋吴自良先生的夫人，上海大学的退休教授，还是“九三学社”成员。退休后她也不闲着，她积极到社区中争当志愿者，主动为社区的学生补习英语。周末，络绎不绝的学生来到徐仁老师家里，和她一起练习口语。在付出中她同样收获着快乐。

1999年四姐妹聚首加拿大温哥华圣约翰校友会后在公园合影

对于这项退休后的业余工作，徐仁老师不无自豪地说：“我带过的学生，学校里的英语成绩基本上都是第一名。”她教学的形式就是每次一两个小时的口语对话，她总是用孩子们感兴趣的方式和话题来引导他们开口说话。曾经有人问孩子们为什么那么喜欢徐老师，孩子们说：“因为‘She is very kind’”。

“乐”为生活——挺过人生艰辛

在徐仁老师的人生中曾经历过三次重病，二十年里，她动了三次大手术。但每当经历生病的痛苦时，她总是乐观地面对。回想起儿时在圣玛利亚女中的快乐时光，她坚强的挺过去了。她以自己独到的快乐生活法健康地享受着生活。

九十岁以后，她的健康状况开始明显改善，一年比一年好。更令人惊喜的是，从92岁开始从她原本的白发中逐渐长出了黑发，并逐渐增多。最可喜的是，虽然徐仁老师今年已经94岁了，但依然思路清晰，非常健谈，而且风趣幽默。

说起她的三个妹妹，徐仁老师说，她们都很有成就，而且她们都很有爱心，都把帮助别人和为大家服务作为自己的职责。

徐仁（中）与两位妹妹徐智、徐信童年时在中山公园合影。

“乐”为助人——四姐妹的为人之道

徐智老师是徐仁老师的二妹，从小志愿就是当医师，长大了要去农村救助贫苦大众，为社会服务。和徐仁老师一样，徐智老师也在圣玛利亚女中完成了高中学业，1948 年进入上海圣约翰大学医学院。她不但实现了当医师的志向，成为香港大学细胞病理学实验室的创办人，同时是香港大学病理科高级临床讲师，并荣获“英国皇家病理学院院士”殊荣。此外，她还是非常活跃的爱心人士。至今，她仍然非常热心地在做圣玛利亚女校和圣约翰大学校友会的工作。

徐信老师是徐仁老师最小的妹妹，她是圣玛利亚女校 1950 届毕业生，华东师范大学生物学教授。她是我国发育生物学研究的开拓者之一，是我国为数不多的女性动物学家。最为徐信老师骄傲的是，在她退休 17 年后的 2009 年，中国动物学会为了表彰她对中国动物学事业作出的贡献，特向她颁发了荣誉证书。

徐信老师也是一位爱心人士，华东师范大学曾经分配给她较大较好的住房，她把房子让给更需要的人，自己仍住在小房子里。她能画很漂亮的国画，曾将自己画的 30 幅国画赠给国际慈善组织义卖，所得经费捐给山区小学校及智障小孩。

大妹徐庆祥已去世，她是圣玛利亚女校 1942 届毕业生。1946 年毕业于圣约翰大学化学系。1947 年经过考试获政府奖学金赴美国哥伦比亚大学留学，获化学硕士学位，并任化学系助教。后进康奈尔大学，1952 年获营养学博士学位，其间她与后来成为中科院院士的黄量同学，以后她曾在美国几所大学做过研究工作。1979 年她在马里兰州约翰·霍普金斯大学做研究时，恰逢当时与马里兰州结为友好省份的安徽省委书记万里来访，徐庆祥担任了万里的翻译。她的两个儿女毕业于哈佛大学，是出色的眼科医生，继承了她的善心。儿子是北美有名的眼科专家，曾到世界各国讲学，参与了国内几所眼科中心的建立，在汕头也捐建了一所眼科中心。

在采访尾声，徐仁老师说她对现在的同学们寄予厚望，希望大家记住，要知足常乐，助人为乐，自得其乐，快乐面对生活享受生活。

美妙的歌喉，耀眼的明珠

——访 1944 届 董爱琳

市三女中 2015 届 蒋静涵 董道道

和董爱琳老师联系很久才联系到，此时的她已 86 岁高龄，在美国居住。电话打来，响起的是虽然因高龄有些颤抖却依旧清朗、悦耳的嗓音。

她向我诉说着因为家里要装修可能没空回复我邮件的事情，但是装修这一事令我略有些吃惊，一个 80 多岁的老人不是应该待在家中好好颐养天年吗？在 86 岁这个年纪，依然有着活力，想将房子整修，保有着一颗年轻炽热的心，令我生出了钦佩之情。

生于 1927 年的董爱琳是圣玛利亚女校 1944 届毕业生。1948 年毕业于上海圣约翰大学经济系。她曾师从声乐界的一代宗师、著名男中音歌唱家葛朝祉和俄籍声乐教授，男低音歌唱家苏石林先生，成为他们的高徒。1952 年成为上海乐团专业歌唱演员。

董爱琳女士是一名女中音歌唱家，多次走出国门演出，1953 年曾获得第四届世界青年联欢声乐比赛三等奖。

早在中学时代，她唱歌的名声就已在圣玛利亚女校和圣约翰大学里传开了。现年 93 岁的圣玛利亚女中美术教师李家松回忆，当时她在上海美术专科学校读书，她的弟弟，圣约翰大学的学生李郁文告诉她，说圣玛利亚学生董爱琳唱女中音，这个星期天在国际礼拜堂唱诗班领唱，要去听吗？李家松说：“我在美专也学过声乐，是学校规定要学的，而且也很喜欢听唱”，就一起去了。国际礼拜堂不大，但环境很幽静，周围花草树木很茂盛，小礼拜堂在这些花木中显得很温馨，周围虽然有很多人，但都很安静。我们看见来了些学生，他们都很安静地和大家一起做礼拜，但是看得出他们是和我们抱同样的目的，主要是来听唱的。董爱琳歌声的确好听，声音宽厚沉稳，又带着女性甜美之音，听得很过瘾，

1944届董爱琳

想着下星期再去听，下个星期日又去了，可到那里一看，真吓了一跳，人多得草地上站满了，里面座位早已坐满，时间一到草地上的人进到礼拜堂里，大约都站在走廊两边吧。不记得门是怎么关上的，当然大家都还是非常安静地做礼拜、听唱，直到礼拜结束。这样的结果真是出乎人们的意料，可见歌真正唱得好听，是不需要费力去宣传的。这次之后听说不知是国际礼拜堂还是什么别的单位，替她开了个独唱音乐会。”董爱琳以后向声乐方面发展是顺理成章的了。她像一颗耀眼的明珠，当遮住光线的云雾散去以后，就会以光芒万丈的姿态在众人面前绽放。

董爱琳在圣约翰大学经济系读书时参加业余合唱团的演出活动，1952年成为上海乐团专业歌唱演员后多次出国访问演出，在东欧、缅甸、印度、印度尼西亚等国获得好评。听众评价她的音色甜美、饱满，音域宽广、表现细腻动人；在表达人物的内心世界和掌握歌曲内在感情分寸上极为谨慎，力求做到恰到好处。她演唱的代表作品为前苏联电影《幸福生活》的插曲《红莓花儿开》、《衷心赞美》等。她演唱的印尼歌曲《梭罗河》（*Solo River*）、《莎丽南黛》（*Sarinande*）、《衷心赞美》（*A hearty praise*）和《椰島之歌》（*Song of the coconut island*）也给人留下深刻印象。这四首歌已灌制成7吋33转单声道小密纹唱片，其中《梭罗河》和《莎丽南黛》是以印尼语演唱的，另两首以中文演唱。此外，董爱琳还演唱过歌剧《卡门》选曲《哈巴涅拉舞曲》等。

由于董爱琳老师旅居美国，我们和她联系不是很方便，只能借助一部分网上资料来完成这篇文章。

一切如晨曦般温暖闪耀

——记 1945 届 欧阳刘锦銮

市三女中 2014 届 栾幸凝 赵嘉力

“是你 / 把我从踉跄中扶起 / 在我冰冷的心房投以晨曦 / 使我黯淡的青春萌发新绿 / 让我勇敢地张开翅膀去追逐梦想 / 只因心灵深处温暖着你的爱 / 我的诗也将循着你的美 / 写满征途。”

——受助大学生为香港曦之教育基金创作的《为你写诗》

学生时代的优异表现

欧阳刘锦銮女士在校期间就一向非常优秀，当时的圣玛利亚女中共有两个重大奖项，一是在英语方面突出，二是在文学方面独有特长，在作品评选中拔得头筹的学生。刘锦銮就在高二这一年获得了文学奖，她非常自豪地诉说着六十年前让她激动万分的时刻，而令她印象更深刻的是在她高三即将毕业踏入圣约翰大学时，她再一次摘得了文学上的桂冠，但按照当时的规定，一个学生在校期间只能得一次文学奖，也许这次得发挥风格让出去了，但是，由于其作品水准实在超过第二名太多太多，于是，她破例获得了第二次文学奖。

她就是这样一位优异的学生，在校时的良好习惯也铸就了她凡事追求做得最好的秉性，性格决定命运，她就是这样一位集独立、能干、关爱、优雅于一身的女性。

白手起家的奋斗

1960 年，她偕同丈夫以及 4 个孩子前往香港，当时上海所有财产资金都不能带走，这就意味着只能在香港白手起家重新开始。那时她想，如果在香港找一份工作靠打工生

1945届欧阳刘锦銮校友

圣玛利亚1945届欧阳刘锦銮在北京农业大学设立曦之奖学金

活的话，维持一家六口生计比较困难，所以她和丈夫就决定主动创业。他们寻找到一份日本公司的名录，根据这份名录上所提供的信息一封封写自荐信，寄往日本，希望可以给他们一次机会，充当其产品在香港的代理商，他们会通过行动证明自己的才能和实力。他们一封一封地写，每天挑灯夜战，在昏黄的灯光下书写着内心的希望。他们一共写了一百多封，等待答复的过程无疑是焦急而又期盼的，最后，有 5 家公司给他们答复，表示可以尝试与他们合作。

在香港打拼了数十年，欧阳刘锦銮女士取得了很大成功，现在身为日本一家钟表公司在香港的代理负责人，经常时不时飞往大阪参加会议。我们曾问她："您这么大年纪了还要到处奔波劳碌，不觉得很累吗？"她答道："我能做到更好的，我就会尽力去做。"

一对夫妇的深情寄托

1986 年，欧阳刘锦銮女士和丈夫欧阳启先生决定创办一个私人教育基金——曦之教育基金，纪念其英年早逝而又无子嗣的长子欧阳曦之先生。

曦之教育基金早在上世纪 80 年代就开始在大陆、香港开展资助工作：在香港资助创办养老院和幼儿园；改革开放初期在安徽省资助建立农村小学；90 年代资助了数名大学毕业生赴美深造；1997 年开始资助中国农业大学经济困难学生。

据统计，16 年来，"曦之教育基金"已在中国农大资助学生 1230 人次。从 1997 年的第一笔捐资 2 万元，资助 10 名同学，到 2006 年的 30 万元，资助 100 名同学之后，资

刘锦銮与受奖学生合影

农大学生向刘锦銮赠书法作品

助名额保持在 100 至 120 名之间，而资助金额则从 2007 年的 46 万元逐年增加到 2012 年的 68 万元，累计达 476 万余元。每一笔资金均是由欧阳启、刘锦銮夫妇用简朴的生活和努力工作换来的。即便在 2004 年欧阳启先生不幸病故后，刘锦銮女士每年都会在基金会里注资 100 万元，就在前不久还向基金捐了 80 多万元港币。他们资助的目的不仅是在经济上帮助学生完成学业，更是从精神和心灵上给予经济困难学生以温暖，激励他们自强、自信、自律，为社会奉献自己的力量。所以，除了奖学金外，基金负责人还经常与受助学生通信、座谈，送毕业生离校，赠送英语词典等。

2010 年，欧阳刘锦銮女士再次到访中国农业大学，学校主要负责人为她颁发了“中国农业大学杰出教育贡献奖”，以表达对她的尊重及一路走来对农大的支持和帮助。

在欧阳启、刘锦銮夫妇精心培育下，他们的女儿欧阳莹之已确定担任“曦之教育基金”副主席，将基金工作长期持续下去。欧阳莹之为美国麻省理工学院研究物理学的博士后，此前，她曾将自己分别由哈佛、牛津、剑桥、麻省理工四所大学出版社出版的四部专著赠予北大、清华和中国农大的图书馆。

人性的美好在闪光

欧阳女士虽然身为商业女强人，但平时生活却十分节俭。2003 年因香港经济不景气，她家的企业利润受到很大影响。翌年，丈夫逝世后，为节约开支，她辞退私人司机，每天乘坐公交车上下班。即便如此，奖学金名额并未减少，2003 年反而比 2002 年多加了

20 人，2004 年再加 10 人。2009 年中国农业大学负责人前往香港造访欧阳刘锦銮女士，当时他们吃饭是在饭店大堂，吃完后欧阳女士把能打包的菜都带回去了。这反映了一个人的品格精神，宁愿自己生活俭朴，也要尽量多资助学生上学。曦之奖学金不仅给学生物质资助，还有精神支持，农大学生接受奖学金的同时也立意继承这种精神。这对受到资助的学生们而言何尝不是一笔宝贵财富？

2010 年，依然矍铄的她在女儿、儿子和儿媳陪同下来到中国农业大学看望受资助学生。看到同学们朝气蓬勃的面貌，欧阳刘锦銮女士非常高兴。她拉着同学的手问："你们现在的生活学习都好吗？""都挺好的。"同学们回答。她的儿子欧阳彦之问一名同学："经济上还有什么困难没有，还需要我们做些什么？""曦之奖学金对我们的帮助很大，我们的生活学习得到了很大保障。"

让她印象深刻的一个同学非常热情地说："刘奶奶您好，这是我自己写的一幅书法作品，送给您留作纪念吧！"她高兴地和同学一同展开卷轴，"情深意重"四个字呈现在她面前，落款是中国农业大学全体曦之奖学金获奖学生。"我很喜欢这幅书法，我要和它拍个照片！"欧阳刘锦銮女士开心地说。学生们还为欧阳彦之准备了一座曾在比赛中获奖的建筑模型，为欧阳莹之准备了一幅农大老校门的谷物画，他们都非常喜欢学生们赠送的礼物。

此后，她笑着说，"我一直觉得自己是中国农业大学的一分子。曦之奖学金会一直办下去，数目不会减少只会增加。我今年已经 84 岁了，但是我不退休，我还要和儿子、女儿一起工作，扩大资金额度，资助更多的学生。"

她，是一位值得敬佩的人，资产丰裕却生活节俭；工作努力只为了帮助那些经济上有困难的学生。她是很乐观的人，喜欢到世界各地旅游（我们打电话给她时她刚从阿拉斯加回来）；也很爱和身在美国的儿女们共享天伦之乐。她，是一位很 shiny 的人。她时时怀抱一颗感恩的心："我做这一切是因为，我现在所拥有的都是上帝赐予的，所以我要尽可能地去帮助那些需要帮助的人。"

她，是一位可爱的人。

一本词典背后的故事

——采访1945届 应曼蓉

市三女中2013届 武云歆

经过那个动荡不堪的“文化大革命”，孕育了建国以来第一部《汉英词典》，凝聚了一大批知识分子的心血。历经七年，于1978年10月问世。英国《牛津英语大辞典》总编辑伯奇菲尔德博士勋爵(Dr.Burchfield, CBE)曾评价它为世界一流词典。而她,应曼蓉，就是当年编辑团队里的第一副组长。

说到最初为什么会想要编这本词典，还有个有趣的缘由。大约是1964年，毛泽东主席在学习英语，有一次，他问自己的外侄女王海蓉，“知识分子”的英语怎么说，当时正在北京外语学院进修的王海蓉也被难住了，翻遍了书架上所有参考词典，也没找到它的英文。于是，毛主席说，这些词典怎么行？连“知识分子”也没有。让你们学校赶紧编一本！之后，这件事被记进了北京外语学院的文档里，这才有了后来一连串的事。

从1950年到1960年，应曼蓉女士一直在原隶属于外交部的北京外国语学校，后到转归教育部的北京外国语学院任教，任一年级教学组长，语音教研室副主任等职。1960年10月，调到人民教育出版社任英语编辑组组长，负责全国中学英语教科书的编辑及修订。虽说毛主席提过要编辑词典的事，可当时北京外国语学院的英语老师都忙于教学工作,无暇编辑。更重要的是,虽然那时已有各种各样的词典,也有各种版本的《英汉词典》,可唯独没有《汉英词典》,也没人敢在此时挺身而出。毕竟这不是一件随随便便就能“揽”的轻松活，所以这件事就被搁置了，直到“文革”中期再次被想起。

“文革”爆发时，人民教育出版社等各大出版社被撤销，整个教育体系崩溃，社会秩序混乱，大家当时都没法干正经事，而他们这批在人民教育出版社编写中小学教科书

1945届应曼蓉

的资深编辑都下放安徽凤阳劳动。在那里一呆就呆到1971年，那时她的一些老同事都被下放到边远省份，她已经算幸运的了。那时她受到副社长暗中帮助。他向应曼蓉透露她可能会被分配到边疆，让她赶紧打电话给已调回教改组工作的爱人，看能不能在北京外国语学院找份工作，回北京。他说："我不是因为任何个人的好恶，只是觉得不能糟蹋了你这样的英语人才。"后来，她爱人替她联系了当时由外交部派到北京外国语学院主持《汉英词典》编辑工作的吴景荣教授，他就是那本正在启动中的《汉英词典》的主编。他在电话里听说了这件事连忙道："应曼蓉啊，我知道我知道，我要我要！"

说起吴景荣是怎么知道应曼蓉的，要追溯到1950年吴景荣初到外国语学校任教那会儿。他为挑选助教，对系里的年青助教作了一番了解。1949年初，应曼蓉女士从上海圣约翰大学英国文学系毕业，不满21岁。次年5月，上海解放，她当即响应号召参加工作。她兴高采烈地做好分配给她的每一项工作，之后被派到中央外事学校上海招生处，即北京外国语学院前身，当时她负责英语考试工作，包括阅卷、评分及主持听力测试和英语面试，其中后两项是她个人的建议，得到上级批准后，在上海地区单独进行。她出色的工作被上级领导赏识，问她愿不愿去北京。就这样，她来到了北京，参加了8个月的思想改造学习，加入了中国共产党，第一个调出来当助教。也就是那时，吴景荣挑选她做自己的助教。她经常帮助吴景荣教授批改卷子，她在工作中显露出来的英语专长和优秀才干为吴教授所赏识。就是因着那句："应曼蓉啊，我知道我知道，我要我要！"应曼蓉于1971年12月31日回到了北京，1972年1月2日进入了词典组，开始了《汉英词典》的准备工作。

应曼蓉女士称这些为幸运，而在我看来，那不过是给了必然一个发生的契机。从这段经历里不难看出她个人的素质远比运气占了更重要的部分。若她只是个平庸的年轻人，又怎会有人在她困难时怀着一颗惜才之心鼎力帮助？若她只是个平庸的助教，如何能给吴景荣教授留下如此深刻的印象？为她带来一次次赏识和晋升的不是别人，而是她自己出众的才干。若你是一匹千里马，你不去找伯乐，伯乐也会因你而来。所以说，机会是需要的，但很多时候机会是靠自己创造的。很显然，应曼蓉女士在自己的人生道路上为自己创造了许多潜在的机会，而之后的事不过是给它们一个发生的契机。所以说，踏踏实实做好现下每一件事，就是在为自己的未来添砖加瓦，在我看来，船到桥头在这种情况下才会自然直。自己真正地踏实努力过，很多事情不过是水到渠成了。

《汉英词典》是积聚了许许多多人力量的结晶。在编辑过程中，有许许多多的人参与进来，自愿贡献自己的一份心力。应曼蓉女士给我举了个例子。那时有个年青教师，他要求加入编辑组。可是，在“文革”初期，他被扣上了现行反革命分子帽子，身为预备党员被停止了预备期，丧失了政治生命。据说是暴露了坏思想，反对毛主席。甚至连他 16 岁为了抗美援朝保家卫国报名参加军事干部学校，争取上前线的一片爱国报国心也给抹煞了！可应曼蓉不以为然。应曼蓉曾在他一年级时，教过他一个学期，1959 年又与他同教一个年级。她说这个人学习勤奋、工作认真踏实，有创造性，是个诚实可信的人。她说：“我不相信这样的人会反对毛主席！”于是她做了一个大胆决定，说服另一个副组长，将他吸纳进来。确实，他后来成为编辑组中的主要骨干。编初稿阶段，他编的一个字母部分经负责样稿的周珏良教授和主编吴景荣教授加工，成为样稿的一部分，由商务印书馆铅印成册，分发给全国的外语院校及大学英语系审阅，获得好评。应曼蓉说，这位编辑爱好学习，知识更新快，编出来的样稿内容新颖、丰富，因此，三稿中有些字母编得较单薄的，她往往交给他修改充实。他翻译出来的词句往往是一般人想不到的。

应曼蓉说：“只要是愿意贡献自己力量的人，只要是有这份心的人，我们都欢迎！”正是有了这么一大批有着同样奋斗目标，同样坚毅性格的人，才有了 1978 年版的《汉英词典》。

应曼蓉女士告诉我，整个编辑过程中，还遇到了许多困难。先别说翻英语了，就是中文也会遇到很大问题，譬如初稿中编出的中文例句会因不够地道不够典型而通不过审核，他们在编辑过程中，不光要请教英语专家和外籍人士，中文方面也充分发挥了汉语老师的作用，请教了许许多多中文专家。他们花了整整七年时间，总共经过四次大改，每次成稿都要组织全组分专项审查，要求人人像爱挑刺儿的读者那样提意见，然后再集体修正改进，四易其稿。期间几乎所有的主要编辑人员都病倒过，正是这样的坚持终究获得了回报。确实，什么样的困难在这样一支团队面前都是要退却的。

1978 年，《汉英词典》正式出版。这本花费了五十多个编辑人员再加上十多个辅助人员七年心血的词典一下就收到了极好的反响。出版后，编辑们都拿到了稿酬，也就是每人几百元。应曼蓉说，一开始她们还根本没想到，当初就不是为名为利而编的，只是想在这个混乱时期里做一些正经事，做他们唯一能做的对人民长期有好处的事。1979 年 4 月，应曼蓉参加接待牛津大词典的总编辑波奇菲尔德博士——那是当代英语词典最高权威啊，他当时给予这本词典的评价是“这是本世界第一流的词典”。“包括以后，不管到香港还是其他地方，他都是这么说的。”应曼蓉女士很自豪地告诉我。

对这样一支团队来说最大的遗憾是这本词典出版前，毛主席和周总理都相继去世了，他们抱怨自己的工作太慢。应曼蓉女士说，她也是后来才知道，其实最先发起这本词典编辑的人是周恩来总理。据浦寿昌（周总理多年的英语秘书，后任外交部副部长）说，是他把北外教师要求编汉英词典的信汇报给周总理，周总理点头道，“你们去搞吧。”那是 1971 年的事，除了周总理，还有谁敢发动这样大的文化项目，有这样的高瞻远瞩，这样的魄力，顶着“四人帮”的压力，在“文革”中这样干。1975 年，周总理还领导了中外语文词典编辑出版计划，包括《辞海》、《辞源》的修订本都是那个时候出现的，酝酿了十年的《现代汉语词典》也是到这时才面世的。那段时间先后出版了十余本优秀词典，是非常了不起的成就。而《汉英词典》也是在周恩来总理关怀支持下才诞生的。所以，对他们来说，没能让周总理看到，是最大的遗憾。

应曼蓉女士将自己的人生都投入英语事业中，除却这本词典，她还编辑过许多全国通用的中学英语教科书和教学指导书，为英语教育事业做出了极大贡献，可以毫不夸张地说,英语就是她人生的最主要部分。而说到她与英语的结缘,就不得不提圣玛利亚女中。应曼蓉女士出众的英语才能与她中学时代所受教育分不开，圣玛利亚女中的教育为她奠定了坚实基础。直到现在，她还记得中学时代读过的那些英语原著，还记得老师教给她的方法和给予的引导。即便过了这么多年，还常怀一片对母校的感恩之心。

年华易逝，热血永恒

——记 1945 届 张佩瑛

市三女中 2014 届 王梦莹 陈嘉璐

阳光明媚，岁月静好，她要的是完美的句号、华丽的收稍。

梦想与事业在那里，念或者不念，皆珍贵而美妙。一切都将继续，一切都在继续着，一往无前的人生，她怎敢老去？。

她说："人生不要辜负了自己，每个人来到世上，就应该多做些奉献。求实、创新、团结、进步，这是上医大时的校训，也是自己的信条。"

她就是圣玛利亚 1945 届校友，张佩瑛女士，一位传奇的女性。

那片贫瘠的黄土地上有她的抱负与理想

1951 年，张佩瑛作为被培养的"医疗，教学与科研"一体人才，毕业于上海医科大学医疗系。在国家卫生部见习期间，她听闻了大量来自全国各地缺医少药、贫病交加的信息，这坚定了她为老百姓服务的决心。似水年华没有风雨兼程，便无法留下一抹诗情画意，于是就在医疗卫生人才稀缺、百废待兴之际，她毅然放弃了大上海的优越生活条件，和爱人一起背上沉重的行囊，踏上晋东南这块古老却贫瘠的黄土地，那不是冲动，而是抱负在召唤她的心灵。

她并不宽阔的肩膀沉甸甸的

解放初期的晋东南地区，孕产妇、婴幼儿的发病率、死亡率均很高。产妇主要死于骨软化病，儿童大多死于佝偻病。张佩瑛在大范围进行病原学调查的同时，开展了群防

1945届张佩瑛

普治工作，并创建了当地第一个儿科，使妇幼保健工作走上了正规。

献身妇幼保健事业的她不仅对工作怀有满腔热忱，而且医术高明，敢于创新。

上世纪50年代，北方流行的“小儿黑热病”致使许多儿童死亡。为及早确诊、对症治疗，张佩瑛大胆采用了当时无人敢做的脾穿刺术诊断病情。功夫不负有心人，从1952年至1958年，她成功确诊了近300例患儿，零失败的新医疗技术给患儿们带来了生的希望，这一成果被列为国庆十周年儿科的成就之一。

时任长治妇幼保健所所长的张佩瑛在“国际儿童年”，又对全省小儿常见病开展了从南到北的全面调查，发现佝偻病仍占小儿发病率的50%。这一百分比使多年从事妇幼保健工作的张佩瑛感到了问题的严重性，也感到了肩头沉甸甸的分量。她清楚这是一个带有普遍性的问题，关心儿童生存、保护母亲健康迫在眉睫。

1981年，应世界卫生组织的邀请，正在卫生部帮助工作的张佩瑛随我国派出的第一批妇幼卫生考察团赴北欧瑞典、丹麦进行了为期一个月的考察，这也正是我国轰轰烈烈创建爱婴医院的开始。同年，张佩瑛调到山西省妇幼儿童医院任副院长。国外的考察，使她看到了国内与国外的差距，要想赶上去，就必须学习外国先进的东西。她一面拼命工作，一面带领大家与联合国儿童基金会进行了“儿童生长监测”、“腹泻流调防治”、“社区服务”、“口服补液”等项目的合作。在华盛顿第一届国际口服补液会议上，她代表中国发言，受到与会者的一致好评。之后在赴澳大利亚进修“儿童心理测量学”时，她又引进了“希－内学习能力测试法”，不仅通过了中残联的技术鉴定，“填补了国内空白，达到国际同类技术水平”，还荣获省“引进新技术”二等奖，现在更被作为全国儿科诊断聋儿、智力低下儿的评价标准。

从爱婴医院、口服补液项目，到儿童心理测量学……这些成就承载着张佩瑛一路走来的辛劳与汗水，也见证了我国妇幼保健事业在无数医护人员的拼命工作、无私奉献下走向腾飞。

献身妇幼事业，名利于其如浮云

张佩瑛（右）参加1995年在北京召开的世界妇女大会

张佩瑛拥有一个学术气氛很浓的家庭：爱人是山西医学院一附院内分泌学教授，女儿在美国新泽西州医科大学学习，作为国家派出的生物化学博士后研究生，已完成了多项尖端基因研究课题，是国际承认的生物化学家；儿子为波士顿药物研究所博士后研究员。

几十年来，张佩瑛为广大妇女儿童的健康跑遍了全国一半以上的省，走遍了山西11个地市和晋东南的16个县。在国际、国家、省级杂志、会议上发表论文30多篇，获得多项成果奖并多次被评为全国、省、地“三八红旗手”、省劳模、国务院授予的“全国少年儿童先进工作者”，山西省少年儿童先进工作者等。可她丝毫也不张扬，总是默默付出自己的汗水。在她看来，自己的一切乃至生命都与妇幼保健事业紧密相连。

圣玛利亚的回忆，在那明媚的幽蓝里

张佩瑛在圣玛利亚绿油油的大草坪见证下，走过了她的花季。

现如今，每当她心情沮丧时，尽管阴霾的天空除了一片银灰色的落寞什么也没有，但只要脑海中浮现出圣玛利亚昨日的倩影，当她想起最美好的曾经，她会觉得困难算什么、挫折怕什么，她永远是最幸福的孩子，在母校的怀抱中渐渐成长的孩子。

无论出现在什么场合，她总是仪态大方、举止得体，优雅像水、沉着如山，因为她谨记自己是圣玛利亚人。

（本文根据资料整理）

芬芳雅致，谱写音乐人生

——访1946届朱雅芬

市三女中2014届 毛雅琪 黄天颖

音乐是一种语言，通过语言可以让世界更多地了解我，也可以让我们更多地了解世界。乐曲里还有多么美好的天地！

——朱雅芬

朱雅芬，我国著名的钢琴家、教育家，是郎朗的启蒙老师；她录制了《儿童钢琴讲座》，翻译了《钢琴踏板指导》，被奉为经典；她忙碌地穿梭于国内外钢琴赛场和讲台，让中国钢琴艺术有了长足的发展。

上世纪20年代末，朱雅芬老师出生在上海一个音乐气氛浓厚的知识分子家庭。父亲酷爱音乐，让朱家众多的子女从小都受到良好的音乐熏陶，于是这个家庭走出了后来中国钢琴界尽人皆知的“朱氏”三姐妹，朱雅芬便是其中一员。

童年时期，一场突如其来的家庭变故让朱雅芬老师和妹妹被迫中止了学习钢琴。但这并没有能阻止她对音乐的喜爱。就读于有着良好音乐传统的著名教会学校圣玛利亚女中，她在那里受到了完整的音乐教育。学校里，不仅有音乐老师经常给予钢琴上的辅导、参加唱诗班的演唱，同时也有机会真正接触欧洲古典音乐。特别是优美庄重的宗教音乐，巴赫、海顿、亨德尔等大师的美妙乐章真正让她沉醉不已。18岁时，父亲让女儿参加了更高水准的音乐活动，于是她加入了有着古典音乐典范之称的海顿《创世纪》的演出，这部作品宏大的气势、辉煌的音响让她现在想起来依然激动不已。

提到朱雅芬老师的英语才能，学生们都会如数家珍地描绘：上世纪80年代初，我

1946届朱雅芬

们国家刚刚开放，陆续有外国专家来开音乐会、举办大师班。当时是去听美国伊斯曼音乐学院钢琴系主任的大师课，发现担任同声翻译是我们的朱老师。舞台上的朱老师穿着玫瑰红色的毛衣、围着鲜亮的花色丝巾非常有风采。她不仅能用英语和外国专家自由谈话，而且翻译的中文简洁、准确，她出色的语言能力让学生们刮目相看

近年来，退休后的朱老师依然忙碌地穿梭于国内外钢琴赛场和讲台，多次应邀在外籍专家大师班上担任同声传译。

“是啊，当今的时代，国家富强、文化繁荣，对外交流也越来越多，掌握一门西方语言对于学习音乐的人来说是何等的重要！音乐就是在交流碰撞中积淀成的璀璨珍珠。”

提到郎朗，朱老师说 :“我曾对郎朗谈到，如何在热烈的观众面前，始终保持一定

朱雅芬老师在钢琴教学教法师资研习班讲课

朱雅芬老师和她的学生郎朗

的冷静。不过于兴奋，不受观众的影响，而始终忠实于自己的艺术，这是一位演奏家趋于成熟的重要方面。郎朗的演奏之所以与众不同，是他出色的艺术才能，他发自内心对音乐的深切感受，以及他丰富的声音表现力，而不仅仅是他的技术。所以有些曲子，我建议他不一定弹得过分快，要从音乐上、艺术上去引导观众真正欣赏、理解音乐。”

谈起教育，朱老师说：“其实很多人都劝过我，让我办一些学校。现在国内有很多钢琴学校、钢琴艺术中心等，它们为社会上的钢琴教育提供了方便和条件，是件好事。但是对我个人来说，我更着眼于踏踏实实培养学生，去做我力所能及的事。实际上我还更愿意做一些‘基层工作’，去边远地区，给一些年轻老师讲讲课，提高提高他们的能力，以便能使他们教出更多更好的学生。”可见朱老师的深思熟虑。她对于治学的态度十分脚踏实地、慎重非常；她对名利并不在意，只是发自内心地希望音乐艺术能进入千家万户、进入人们的心里。对艺术、事业的这番虔诚也是她立身的根本。

圣玛利亚女中是朱老师音乐、甚至人生的启蒙殿堂：学校熏陶她、教会她品赏古典；培养她的语言能力，作为支撑来佐助她将音乐之路走得更远。更重要的她本身的修养，以育人为已任，省已而及人。

音乐姐妹花，艺术之路通向远方

——访1946届赵庆闰、1951届赵启雄

市三女中2015届 张颖 徐心怡

想教好学生就必须学在前面，做一个老师，在课余必须提前做好很多准备，不是单纯弹好钢琴就可以的事情，教学的成绩是靠努力学习获得的。

——赵庆闰

赵庆闰老师1940～1946年就读于圣玛利亚女校，那时学校已迁至上海圣约翰大学校园内，对于圣玛利亚来说，已没有什么校园，只有一座两层楼的房子，学生走读，上下午上课。她在那里打下了扎实的英语基础；高中时还专修了钢琴学科，由Julia朱其廉(Mrs. 郭）教授音乐的基础课程（有四名同学上课）和钢琴课；毕业时与另一个专修钢琴的同学杨之会（现在美国）一起开了独奏音乐会。 她和小妹妹赵启雄都学钢琴，仅仅是爱好，不是出于音乐家庭。

圣玛利亚对英语要求很高，初中一年级所有课程，除国文、中国地理、历史外，都用英语授课，英语老师是不会说中文的英国女士，赵庆闰老师有幸跟上了，在她的记忆中，初三就能课外阅读英国文学书籍。学钢琴的学生，经常要一起开音乐会，进行表演。宗教活动也很重要，当时每天上午十点，全校都集合去礼拜堂做礼拜，有些唱歌好的同学还组织了唱诗班咏唱；基督教的节日活动也很有趣，圣诞节有耶稣诞生的表演；复活节会组织同学们在指定的范围内寻找红鸡蛋……

中学毕业后，由于英语基础还可以，赵庆闰老师考上了当时北京的燕京大学。入学后，参加了免修英语的考试，幸免了两年英语的基础课程，得以选修外国文学课和法语课，

1951届赵启雄

她在大学主修音乐，副修西语。1951年毕业后，被分配到中央戏剧学院（后来的中央歌剧院）工作，1952年开始，从事声乐伴奏工作。她的丈夫李维渤和她是燕京大学的同学，他主修西语，副修音乐，擅长歌唱，1948年他们订婚，1949年他赴美深造，主修音乐，1953年回国，和赵庆闰老师一起在中央歌剧院工作；1980年调中央音乐学院歌剧系从事声乐教学工作，她是他班上的钢琴伴奏(今天称为音乐指导)。她带的学生有些在国际上得了奖，有些是歌剧院的独唱演员，有些已是音乐院校的教授了。

赵庆闰老师说："深感活到老学到老的好处，想教好学生就必须学在前面，做一个老师，在课余必须提前做好很多准备，不是单纯弹好钢琴就可以了的事情，教学的成绩是靠努力学习获得的。"

主修声乐的学生除了英语，还必须学会意大利语、法语、德语甚至俄语的发音。赵庆闰说，作为老师应该比学生先行，因此去旁听学生的意大利语和德语课程。由于有了英语和法语的基础，学起来也容易些。为了让学生唱外语歌曲时能懂得歌词的具体内容，以便更确切地表现歌曲的艺术性，他们便先着手进行应用歌曲的字对字翻译。后来觉得这工作很实用，便开始把声乐界常用的曲目较系统地进行了字对字的译词编写工作。

活到老学到老的赵庆闰老师一丝不苟的工作，认真地学习，无私地为音乐奉献自我，在艺术道路上点上了一盏明亮的灯，点亮了多少学子的音乐梦……

由于赵启雄老师的谦虚，我们只能通过她姐姐赵庆闰老师了解她的一些情况。赵庆闰老师评价赵启雄是个实干家，喜欢实际操作，在1990年与楼乾贵、郑小瑛、李稻川、董燕雄等几位老艺术家一起为首都歌剧培训学校花费半年时间排练汇报演出，在没有资金的情况下，艺术家们一边排戏一边筹建首都歌剧培训学校。演出终于成功，也使中国

赵启雄在演出

的歌剧迈出了成功的一步。直到现在，赵启雄女士虽已年近80，仍和一些歌唱演员弹伴奏练习曲目，有时还上台演出。

近年来赵启雄先后配译了唐尼采蒂《唐·帕斯夸勒》中的译名为《骗婚记》、《军团的女儿》、《拉美莫尔的露其亚》，罗西尼的《塞尔维亚理发师》，威尔第的《游吟诗人》等五部歌剧本。其中《唐·帕斯夸勒》、《拉美莫尔的露其亚》已由台湾世界文物出版社出版发行。1988年赵启雄被评为国家一级演奏员。1989～1994年任首都歌剧培训学校副校长及音乐指导。

老校友的一字一句都是给在校学生的启示。让我们珍惜在市三女中的日子，在这学习与艺术氛围浓重的校园里，敞开自己的心扉，沐浴新的知识……

执著与自洁——人生隆重的美

徐蕊①

吴其慧女士85岁了，眼眸清澈，笑容纯洁，皮肤温婉，手指苍涩。我觉得她美不胜收，在今天的拥挤嘈杂中散发出寂寞高贵的芳香。

2009年春，山东美术出版社要出版我的个人作品集《象罔衣》，中英文对照。我先生的恩师，首都师范大学历史系的于友西教授，推荐我去拜访她夫人的姐姐，吴其慧女士。他告诉我，吴女士曾是我国对外发行的综合性英文刊物《新中国季刊》的副总编，新华社对外新闻编辑部的高级编辑（教授级）。她从旧上海的圣玛利亚女中毕业，在圣约翰大学读完英国文学系，以后在新闻出版界，一干就是60多年。她集各种荣誉、光芒于一身，对艺术非常着迷，对时尚也颇有见识。

第一次见面，在起士林餐厅。这家餐厅是德国人1901年创立的，以制作正宗的英、德、法、意、俄餐而著称。那天，吴女士白色刺绣衬衫上精致的图案，银色的叶形胸针，与桌上花瓶中刚采下的丁香交映成辉。她的声音幽幽远远的，好像是在四十年代的旧电影里，恍惚间飘过了近一个世纪。

以后，吴女士成为我生活中一道隆重的风景：素静的中式对襟夹衣、高贵的黑色天鹅绒旗袍、文静的白衬衫与棕色铅笔裙、米色的羊毛手织开襟毛衣……无论春夏秋冬，不变的黑

① 徐蕊，1976年生，中央美术学院设计学院时装专业教研室主任。2010年世界小姐“中国服饰文化表演”服装设计总监；设计2010年上海世博会的中国馆表演服；2008年奥运会中国服饰文化秀文化策划。其作品集在2013年获得设计界权威的“德国红点大奖”；在2012年获得“中国最美的书”；曾获得第11届全国美展“银奖”，首届中国美术“创作奖”；第13、14届“汉帛奖”国际青年时装设计师作品大赛“银奖”等殊荣。现为中国服装设计师协会学术委员会会员、中国流行色协会会员、中国工艺美术家协会会员。作品与论文多次发表于国内外各种学术艺术会议展览，个人作品集《象罔衣》在圈内外颇受关注。

吴其慧与徐蕊

吴其慧为徐蕊做服装模特

色小酒杯根皮鞋……她的每一份雅致，每一次笑容，都如旧时的经典画报一样印在我脑海中。

乘她看书稿的时候，我细细端详她住了30多年的屋子。阳光撒在洁净的水泥地上；雪白的墙，高大的书架；建筑、工业、艺术、文学……各种包着书皮的经典著作和辞书，大都泛黄了，蓝黑墨水钢笔书写着书名和作者；怀旧的钴蓝色皮沙发，靠背上铺着白色提花布；磨掉了漆的写字台，摞着报纸杂志；一架锃亮的钢琴上，立着肖邦的乐谱；电脑开着，是等待浏览的电子邮箱；所有物品井然有序，连厨房、洗手间都一尘不染……偶尔，我问及一些过去的故事，她就会翻翻老照片。这时，淡淡的幸福、或忧伤，如同烟缕，不经意间划过她的脸庞。

吴女士对《象罔衣》很有共鸣。接下来的半年多，我们讨论了很多话题：关于对待中国文化的态度，审美精神的传承，实现传承的方法，等等。有时，为了一个词的出处，她会翻阅很多书，工作到深夜。比如：司马相如受刑时穿的裤子“犊鼻裈”，《中国服饰名物考》与《史记》略有不同；汉代“袴”的裆下裁片，沈从文先生在《中国古代服饰研究》中的图解与楚博物馆的考证也略有出入……这些，她建议我多方查证，核实后再用。那段时间，我更谨慎地斟字酌句，反复思考。

随后，“象罔衣No.2”获得了全国美展“银奖”，首届美术“创作奖”；相关论文获得香港理工大学核心刊物“年度最佳论文”。作品集《象罔衣》入选东京字体指导俱乐部TDC（TypeDirectorsClub）优秀作品；获GDC深圳平面设计协会视觉类专业组提名；

被收录进《第八届 APD —亚太设计年鉴》和 PAGE UNLIMITED2；获“中国最美丽的书”，代表中国参评 2013 年德国“世界最美丽的书”；最兴奋的是，获得设计界权威的德国红点组织颁发的“红点大奖”。

吴女士缜密的工作，使我受益匪浅；她对于生活的态度，更令我得到了心灵上的启迪。

2008 年寒冬，一个雨雪交加的午夜，看完芭蕾舞剧《奥涅金》回家的吴女士，从院中冰冷的石凳下唤出了一只被主人遗弃的小白猫。她轻声呼唤着遍体鳞伤的小猫，用爱怜的眼神和温暖的臂弯把牠带回家。她给它看病、上药、治螨虫、吃营养品。遇到出游，还花不菲的费用把猫咪寄养在宠物医院。经过两年多悉心照料，猫咪健壮了，自信了，原本残缺打结的毛如月光般瀑洒下来，散发出贵族气质。吴女士将它的照片做了挂历，送给亲朋好友。大家才发现：这是一只极其漂亮的混血波斯猫，有着蓝黄两色宝石般炯炯有神的大眼睛。每当吴女士弹奏小夜曲时，猫咪会跳上琴凳静静聆听。两个有着相似气质的生命相依为伴，猫咪成了她最珍爱的“财富”。

2011 年平安夜，吴女士邀我和家人共度。那个晚上我们品尝了她亲手烹制的酥皮嫩肉的烤鸡、香滑爽口的俄式沙拉和奶油蘑菇汤，还有熘鱼片和意大利通心粉。我们在烛光下倾谈，那是我人生中的一顿特别的盛宴。

2012 年初，吴女士雪后去剧院看演出时，不慎踩到了冰，从过街天桥台阶上摔下来，股骨和左手腕骨折、韧带拉伤，手臂瘀血、水肿。带着石膏、绷带和治疗的鞋子，在床上半卧的艰难日子里，她依然优雅自得，尽可能不连累亲人，每日读书看报、听音乐，生活的洁净习性照旧。请来护理的阿姨在一边偷偷观赏，猫咪忠诚地陪伴在床头。

吴女士做过我的艺术模特儿，她的敬业与友情，超越了我的年轻同行。她用心灵去感受载体的气息，沟通舒畅自然。那是对中国审美的真实诠释，非演绎所能获得。她穿戴的“象罔衣”和“鱼化石”系列，被刊载在许多国内外专业刊物上，并在英国、法国、美国、越南、泰国的艺术展上发表，获得众多赞誉。

我在吴女士身上看到了“不以往来之人而改我洗濯之性”的中国文人品性，更悟到了一种不以时间移位的格调的高节，这些都离不开她曾经受过的严格而良好的教育。

这种独立与安宁，好似柔韧的丁香，更似傲雪的腊梅，年复一年，无论世事变迁，以不变的身姿，散播出久久的芬芳。

与人为善，为人着想

——访 1948 届 赵风风

市三女中 2015 届 周轶路 蒋 茜

有些时候，一切的联系是缘分使然。我们与赵风风女士之间，相差了大半个世纪的三个人，因为市三女中（圣玛利亚女校）而紧密相连。

遗憾的是，由于赵风风女士现在定居北京，我们只能通过电话进行采访。当清朗、温和的声音从电话那头传来时，我们不相信她已步入耄耋之年。虽然年事已高，但仍热情洋溢地与我们分享着她的故事。虽然我们未曾见面，但仍能从电话那头感受到那份跨越半个世纪却未曾退却的优雅与从容。

无心插柳柳成荫

84 岁高龄的赵风风是圣玛利亚 1948 届毕业生。当初因为家里的缘故，跟随姐姐的步伐选择了圣玛利亚女中。她说："我们家里三姐妹都是圣玛利亚学生，以母校'忠诚仁爱、服务人群'的教诲，做人、工作和生活。母校的英语教育使我们得益匪浅。"

1948届赵风风

就在这里，她走出了一条属于自己的路。赵风风女士回忆道，对她一生最有影响的是女校的英文教学。因为有外国老师的教导，她们每个人都说一口流利、地道的英语。在访谈中，仍会时常听到她脱口而出的英语。作为教会学校，每天吃饭前的祷告和做礼拜都让她们在宗教熏陶下保持一颗宁静的心。优雅不仅是仪表端庄、更重要的是心态。课余生活，她也积极参与学校的女子篮球和垒球运动。提起母校，她说起的就是"与人为善""为人着想"。她向我们

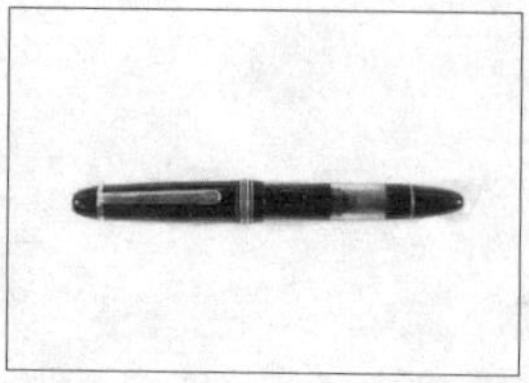

比利时皇太后赠送斯特朗的钢笔

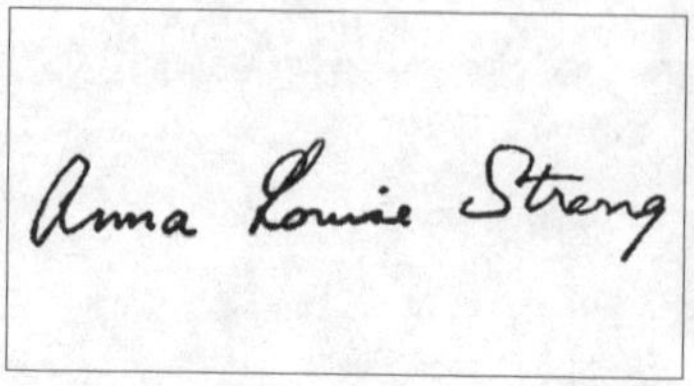

斯特朗签名

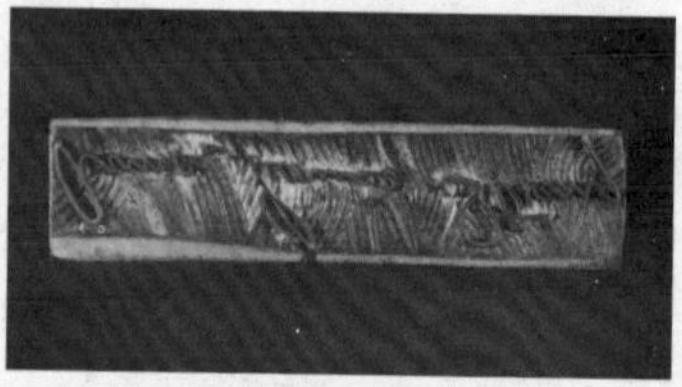

斯特朗签名章

介绍了铸在校园走廊上方铜匾上的一句话，原文是拉丁文 "non ministrari，sed ministrare"，用古文说就是“非以役人，乃役于人”（“不是他人为你服务，而是你为他人服务”）。这句话令她难忘，至今还记忆犹新。

智慧源于勤奋 伟大出自平凡

解放后，赵风风女士就读于清华大学英文专业。因为说得一口流利的英语，1952 年，还未毕业的她就被调到全国总工会接待来访的五一节工会代表和参加在北京召开的亚洲及太平洋区域和平会议筹备会工作。她曾多次参加接待一些国家元首和政府首脑、官员来访的工作。1979 年 1 月 28 日，当邓小平副总理为中美关系正常化率团访美时，赵风风随同工作。

她一生中最难忘的经历是担任了 12 年安娜·路易斯·斯特朗的秘书兼翻译。

现存中国国家博物馆的《中国通讯》刊头章和一支比利时皇太后赠与的钢笔就是经赵风风女士之手捐赠的，她向我们叙述了那段意义非凡的经历。1961 年 10 月比利时皇太后访华，斯特朗于 18 日前往太后住处拜访，太后把自己用的钢笔送给了斯特朗，她就一直放在书桌上使用。斯特朗去世后，美国朋友们将斯特朗的几件遗物，包括钢笔送给了赵风风留作纪念，她转交中国革命博物馆（现中国国家博物馆），作为长久的纪念品和展品。

斯特朗是美国著名记者、进步作家，也是中国人民的朋友。为了更了解中国人民的生活，斯特朗选择住在“和大”（中国人民保卫世界和平委员会）院子里，赵风风女士成了她生活、工作上的得力助手，亦是朋友。“和斯特朗最多的接触就是工作了，在‘和大’的院子里，从早到晚一直在一起。当初还没有电话，有需要时斯特朗在窗口叫我一声，

Letter from China

by Anna Louise Strong

BIRTHDAY SPECIAL 33-34 | 9 TAI CHI CHANG, PEKING | DECEMBER 20, 1965

EIGHTIETH BIRTHDAY

Dear friends,

The celebration of my 80th birthday in the last week of November demoralized my regular work for two months. A Chinese friend once told me that "in the old society" an eightieth birthday often bankrupted all branches of the family. It is contrarywise today; the gifts of picture scrolls, antique embroideries, ornamental lamp and elaborate carved book-ends brought from Bali so reorganized my room decorations that I sit and look around with new pleasure. But this all takes attention, time.

It began last spring when friends proposed to publish a special edition of my "Collected Works" to honor the

Mao was not in Peking but travelling somewhere else in China, as he does much of the time, I found myself on November 23rd in a chartered plane with over thirty friends, American and Chinese, bound south for a destination we did not precisely know until we arrived. My chief worry that evening — by then we were all in a good hotel — was whether "the chairman" would receive all this large group who seemed so quickly and casually gathered, and how I would make my peace with them if he didn't. I need not have worried; he did.

Next day we were all collected at noon in a big circle for informal conversation with Mao Tse-tung, which then suddenly became a luncheon party at 2 p.m. On the following day we were the top news-item in China's press, with headlines, photograph and names, just as if our talk with Mao was the most important world event. It made

《中国通讯》(*Letter from China*)

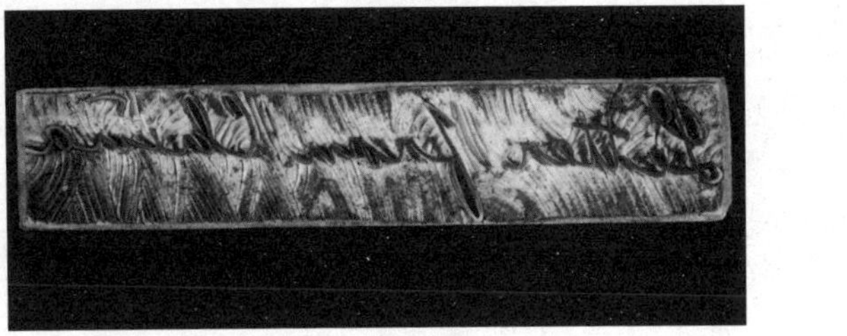

《中国通讯》刊头章

一叫我就能听见。她坚持不懈、热情工作的精神感染了我。”虽是通过电话，但赵风风女士轻快的语气让我们感受到了如同孩子一般的可爱。斯特朗每年夏天去北戴河，冬天去广州的温泉，赵风风女士都陪伴着一同去。她印象最深的就是斯特朗当时十分有趣地坐着游泳的样子,赵风风女士也是在那时学会了游泳。她们一同去了许多城市,收集资料。著名的《中国通讯》背后，也有赵风风女士付出的辛勤汗水。为了让外国了解解放后的新中国，斯特朗开始让她每月油印 50 到 60 封信件把《中国通讯》寄给她在美国和其他国家的朋友。发行 4 期后因需求增加，油印改为铅印，之后发展到 7 种文字的大型刊物，各种文字翻译由在京外国专家义务承担，后因人员调动，其他文字的出版为期不长。最盛时，一期的发行量曾高达 4 万余份。能受到斯特朗的信任与她始终与人为善、为他人着想的信念密不可分。

斯特朗逝世前，赵风风女士每天都去医院看望和照顾。赵风风一共协助斯特朗工作了 12 年。斯特朗是美国进步记者、作家，是中国人民的老朋友，为此，赵风风在《人民日报》写了篇短文“对新中国怀着深切的爱”以示对斯特朗的怀念和敬仰之情。斯特朗去世后，她被借调到外交学会，后来调到外交部礼宾司从事接待各国来宾的工作。

作为市三女中学子，我们一直在寻找到底怎样的女性符合“IACE（独立、能干、关爱、优雅）”的标准，直到我们采访到赵风风女士，才深刻体会到“IACE”的内涵。赵风风女士告诉我们:“要好好学习，充分发挥自己的能力，发展自己独特的优势并在继承前人的道路上有所创新。”

独立、能干、关爱、优雅，始终潜移默化地影响着赵风风女士的一生。她始终信奉的信念——与人为善，遇到事情为他人着想，也将会成为我们为人的准则。

蔚然圣校出凤凰，君心一片师德昌

——访 1948 届 董蔚君

市三女中 2015 届 施诗颐 孙壹和

现居北京的董蔚君老师，年过八旬，她是 1948 届圣玛利亚女中的毕业生。当我们怀着敬仰的心情，略有紧张地说出自己希望采访她的时候，那动听清晰的声音中显示出兴奋。岁月没有改变她的优雅淡然，依旧是当年那位女校飞出的洋小姐。这样的音色，说出的英文肯定非常流利悦耳。

我们采访的第一站就是询问董老师对母校的回忆，以及在校的收获。董老师说母校良好的教学给女生的英文打下了很好的基础。在那个年代，女校犹如一座与众不同的府邸，里面就读的是成长中的名媛。在其中，你会对英文自然而然产生兴趣。董老师笑着向我们介绍起烹饪课、缝纫课……这些培养女性贤淑能干的课程至今仍受用终身。董老师告诉我们，就在我们来电采访的前一天，她的孙女衣服脱了线，打算送到裁缝店里修补一下。董老师看过后，精神焕发地找出针线，三下五除二就补好了。她因此还怀念女校的生活呢。她说，女校的课程是由内而外地培养能干优雅的女性。她回忆道："我的求学之路并不坎坷，这应该归功于我的母校，母校的教育与西方接轨，对女性各方面的培养使我的求学之路顺利而圆满。"

董老师在校优异的成绩使她毕业后直送圣约翰大学深造。女校独特的教学方式使她很快就适应了圣约翰大学的读书环境，也找到了自己的专攻目标和兴趣所在。董老师在圣约翰大学专修英语文学。1952 年毕业后，她留校担任助教，刚工作三个月，正好碰上五一节，有各国工人代表团来北京参加活动，董蔚君老师被调到北京接待美国代表团，后来由宋庆龄等民主人士发起的亚洲及太平洋区域和平会议要在北京召开，董老师又参

2008年董蔚君老师和她的奥运志愿者学生们

董蔚君到广西为教师作培训

加了笔译和口译工作。工作结束，回到上海，圣约翰大学开始了院系调整工作，文科教师被分到复旦大学，理科教师被分到华东师范大学，个别教师分到交通大学等。董老师在这个时候来到了复旦大学，开始了八年的英语教学。在这期间，她还被派往张家口军事学院，教授那里的解放军学习英语。在解放军学员眼中，董老师非常特别，举止大方优雅，一口流利英语让人听得舒心。女校飞出的凤凰成为张家口的一道特别风景线。三年后，董老师也加入了解放军，并当了六年兵。她说这一次的经历也是由英语结缘的。

“文革”开始后，董老师于1969年复员，下放延安地区，当过造纸厂出纳、保管、食堂管理、百货公司营业员。在当营业员期间，有外宾来参观，董老师当起了接待，用英语和外宾流利对话，还陪同外宾在汗衫上印上纪念章，外宾不住地称赞服务周到，同事都很惊讶，这才知道董老师原来是地道的上海圣约翰大学英文系的毕业生。后来董老师又去当了延安第三中学英语教师。1978年一个电话将董老师召到北京，原来“文革”结束拨乱反正，人民教育出版社要编辑中小学英语教材。这个电话成就了她之后的事业之路。

1979年春节过后，董蔚君老师到北京人民教育出版社报到，开始了人生的第二个春天。她很忙，新教材要和国际接轨，她到英国伦敦，在英国朗文公司总部和专家一起研究编书；到美国，住在美国人家里，了解他们的生活习惯、语言习惯。又去欧洲英、德、荷三国六市，开阔了眼界，找到了差距。回来后她担任了初中英语教材的责编，课本、教参、练习册、挂图、磁带、简笔画、抄写本和幻灯片，样样都编，担当了多面手的责任编辑。

此外，她还到全国除西藏、青海、新疆之外的所有省份，培训教师，改变教师的教学观念，培养学生的听说读写“四会”能力。

此后，拥有丰富英语教学经验的董老师又开始了新的、影响力更广泛的尝试。她在上海人民广播电台开设了英语课程，一时间吸引了几万学生收听。开门红促使她更加热火朝天地干了起来。她开始自编教材，备课录音，不断吸取国外教育经验。全国第一次广播推广英语就在她的努力下获得了巨大成功。不仅如此，她还增加了种类，将使用英语进行了细分——生物英语、教学英语、商业英语……她又出版了许多英语教科书，如《英语国际音标》、《英语游戏》、《高中英语阅读》。她还满怀热情地告诉我们自己正在撰写一本新书，叫做《怎样编好英语教科书》。年龄从来不是事业停滞不前的理由，岁月没有减少一分她对英语教学的热情。虽然是电话采访，但我们俨然已经看见老人那激动的深情和那份不变的自信。这不正是圣玛利亚女中精神和市三女中精神的体现吗？董老师已经给我们做出了榜样。

最后，我们请董老师对在校学生给出长辈的寄语。幽默的她先是问了我们最擅长的科目是什么。很巧的是我俩都喜欢英语。我们告诉她现在女生很多擅长理科，但文科都不在行，尤其是语文古籍和英语口语都不如从前。于是，董老师就提出了几个英语学习妙招。“英语有条件就一定要学好，这样走到哪儿都不怕。女生学习语言也能锻炼出气质来。英语要用、要读、要学会讲。一旦开起口来，也就不怕了。可以把自己一天中最难忘的事用英文写一句话。这样一个月下来就能写一段话，慢慢积累，同时巩固。语言学习的根本就在于此。”

不是深奥的人生哲理，而是简单易懂的学习经验。这，就是董老师的不同所在。在她看来，人生这里是需要我们自己去探讨的，而学习教育却需要淳淳善诱的指导。

从圣玛利亚走出的音乐人、教育家

——访1949届汝洁

市三女中2014届 王馨唯

汝洁，1949年毕业于圣玛利亚女中，当年考入上海音乐学院，毕业后一直从事音乐基础教学工作，曾担任上海音乐学院附属中学校长，将自己的青春年华奉献给了教育与艺术。

汝洁老师今年已是耄耋之年，但谈起过往的一切，还是精神奕奕。经过她那绘声绘色地描述，我仿佛可以看见当年还是教会学校的圣玛利亚女校，仿佛还能看见那个意气风发的汝洁老师。

汝洁老师说当年能去中西小学，圣玛利亚女中读书完全是机缘巧合，只是父母觉得女校的读书环境及育人目标适合女生成长所以便去了圣玛利亚女中读书。汝洁老师说当时自己的成绩只能算中等，并不出彩，也没有在学校做什么轰轰烈烈的大事，但是学校里的特色课程，师生氛围却给自己留下了深刻印象。当时她与有些女生一样对数理化没什么兴趣，并且由于身体不太好，休学了一段时间，所以数学成绩总跟不上。因为数学成绩不好，上数学课时心理负担很大，看到数学老师更想躲得远远的，有些害怕。可是，她的数学老师并没有因此对她十分严格，反而每次见到她都是温柔一笑，让汝洁老师心生温暖，那样融洽的师生氛围令她难忘，也是她成为教师和校长后想要带给学生的。

由于当时的圣玛利亚女中是教会学校，所以学校有许多艺术方面的特色课程。学校当时的英语课，并不像现在这样纯属教授单词、语法、句型，而是带领学生阅读莎士比亚、狄更斯等国外大文豪的原版文献，从外国文学中学习纯正的英文，虽没有专门学习文法，但这些经典文学让学生们更深刻地了解了外国文化，不仅学英语更是学懂英语。

上海音乐学院附中校长，圣玛利亚女校1949届汝洁

当提到现在市三引以为豪的校训“IACE”时，汝洁老师说当年圣玛利亚虽没有这样的校训，但对女生礼仪素质方面的培养十分严格。如果有学生在走楼梯时奔跑嬉闹被老师看见，就要被勒令回到原位然后再优雅地走下来。对比之下，现在我们的校规似乎宽松许多。此外，作为教会学校，圣玛利亚女中还有到教堂做礼拜的活动。在教堂里，学生的行为举止更被严加管束，有一次汝洁老师因同学开玩笑被老师批评在教堂里不严肃，不优雅，还因此被记过，这件事至今还没忘记。从她的描述中，我仿佛还能听出她当时的委屈。

后来，我们提及她的教育、艺术生涯。她说虽然自己的钢琴并不是在圣玛利亚女中读书后才学习的，但圣玛利亚女中的艺术氛围还是对她日后的发展有重要影响。她与先生——音乐学院院长桑桐也是因音乐而结缘。采访的最后，汝洁老师拿出了许多自己以前学生的照片，骄傲地介绍着那些如今已成为著名指挥家、音乐家的学生。我想对汝洁老师来说，这些学生就是她教育生涯中的最大骄傲吧。

汝洁老师在圣玛利亚度过的学生时代，没有轰轰烈烈的大事，只有平平淡淡的学习生涯，正如我们中的很多人一样。但多年后，回想过去，才发现当年的圣玛利亚女中现在的市三女中在我们的人生中留下了绚烂的一笔。

写完这篇采访，我们从网上搜索到一条信息：“桑桐院长汝洁教授向我院图书馆捐赠10万元购买珍贵音乐文献已到馆。”这是上海音乐学院的官方网站，时间是2008年10月31日。这是采访中汝洁老师没有对我们说的，这使我们更增添了对她和桑院长的尊敬。我们进一步了解到，这笔捐款上音图书馆用于购买Schott公司出版的《瓦格纳全集》乐谱，共52卷，现已放置在图书馆一楼音乐文献阅览室东侧全集阅览室。长久以来，能够买齐瓦格纳所有作品的乐谱也是图书馆的心愿，现在终于如愿以偿。这也是汝洁老师和桑院长对于上海音乐学院的热爱和对于音乐学院图书馆建设的支持。

不可磨灭的影响

1950 届 朱亚新[①]

已 84 岁高龄的学长程芍华鼓励、催促我为母校 110 周年写稿时，作为建筑师的我，首先想到母校的校舍建筑；合理的布局，宜人的比例尺度。它的风格是如此的统一，其功能与艺术完美结合的规划与建筑，据我所知，在国内外校园中亦不多见。

我的童年在天主教小学，后在圣玛利亚女中读书。中学毕业后直升圣约翰大学建筑系，至 1952 年院系调整到同济大学，毕业后留校任教。其中最令我留恋，也是对我一生影响最大的是中学的六年。

母校扎实的英语教学给我带来了机遇。1981 年秋，澳大利亚悉尼大学建筑工程系主任柯恩教授访华，我作为学校接待人员与他相见。柯恩教授提出要我次年春去澳洲介绍中国建筑。我因 30 余年不用英语，不敢应允。我告诉他："待我把英语提高了再说。"而他说："无此必要。"不久就收到邀请信，并提出要作 8 次系列讲座。当时我对自己的英语没有把握，小心翼翼地把讲稿全部写就，打算届时宣读过关。不料随即收到印有澳大利亚国徽的讲座内容公告及日程安排登记卡，说明这次讲座是郑重的，由外交部拨款，悉尼大学筹划。讲座完毕，还有提问讨论的安排，不免令我恐慌起来，真有骑虎难下之势。当柯恩教授到悉尼机场接我时，我即向他"呼救"，说如果提问时有听不懂，说不清之处务请帮助，他含笑应允。在演讲之前与公众见面，有茶点供应，我的紧张情绪略有放松。

---

① 朱亚新：1953年同济大学毕业。曾任同济大学建筑系及建筑设计研究院教授，因创建上海小面积独门独户住宅，解决居民多户合住的困境；又台阶式多层高密度住宅，解决城市住宅节约用地问题等项目获多项奖励。1982年后，应邀在澳大利亚、美国、香港、台湾等地进行有关中国建筑及园林的讲学、著书和设计，被公认为中国园林专家。

六十年代初朱亚新在住宅工地上

朱亚新在美国与中外学生在一起

第一讲结束，听众纷纷提问，澳洲人的口音也未对我产生困难，我的一切疑虑顿时烟消云散. 作为第一个在澳洲讲学的新中国建筑师受到各方面关注。其后也使我与悉尼大学有了多次学术交往。

1982年秋，我又应美国内布拉斯加州立大学之邀，作为客座教授在建筑系讲课，并派我去许多大学建筑系作讲座，介绍中国建筑。1984年7月，应MIT及哈佛大学联合研究住宅项目邀请，作为主讲人之一，题目是“中国大量性住宅的施工技术”。当时，在上海我首先提出“小面积独门独户”的住宅标准，针对几户合住一套不合理之处，建议以同样投资，设计并试建了每户独用厨房、厕所的小面积住宅，受到国内各方面重视。这种住宅标准首先在同济大学教工住宅中实施，几年后市内也逐渐采用，而后推向全国，以致那次国际住宅研究会议指定要我介绍中国的经验。由于西方国家如美国，一切都要成本核算，有时即使提出先进技术，也不会采用。因此，我在会上除了介绍国内各种住宅施工外，还作了技术经济比较。被认为“落后”的中国竟有如此众多的施工方法比较的介绍，出乎各国代表意料。中国的讲题，一时竟成为大会讨论中心之一。*Landscape in Chinese Gardens* 一书的提纲，我以建筑师的角度分析中国园林的设计精华及方法，撰写后由美国著名出版公司McGraw Hill出版，受各方面重视。确立了我在该领域的学术地位。

洛杉矶地区世界闻名的汉庭顿 (Huntington) 图书馆、美术馆及植物园，也由于上述

由美国McGraw-Hill公司出版LANDSCAPE DESIGN IN CHINESE GARDENS

亨庭顿“中国园”设计方案在植物园的棕榈园公众发布会时留影

这本书而请我设计了中国花园，其建成后规模之大，将为北美乃至世界之最。一些名校如加州柏克莱大学，南加州大学的园林设计课程，都要引用和印发我那本书的内容作为补充教材，并邀请我定期讲座多年。由于中学时代受到扎实的英语教育，能讲能写，即使荒疏了 30 余年，也能在短期中缀补起来。

一般认为圣玛利亚女中重英文，轻中文。但我们的中文老师薛、闵两位先生的教学质量及课本选用都是高水平的。当时背诵了不少古文及旧诗，使我如今也乐于吟哦自娱，与老朋友们交流也多了一层内容。90 年代初，辑有《诗稿拾零》小册。

在音乐与体育等方面，学生皆能受到良好培养。我有幸被选入 Glee Club(歌咏班，初二参加垒球队)。如今我们旧金山湾区圣约翰、圣玛利亚每年有五次聚会，我每次都尽情引吭高唱两校校歌，以抒发对母校的怀念。

在圣玛利亚的六年，把我从一个“拘谨”体弱的女孩子，培养成为一个全面发展的青年。学校严格要求的品德教育，教师们的谨于职守，言教和身教，对我一生有不可磨灭的影响，使我在国外也能很愉快地工作和生活。

守望者的存在

——访 1950 届 高滋

市三女中 2014 届 徐梦依 赵晓璐

我们十分喜欢“守望者”这个称呼。她可以宁静地守护自己的净土，也可以沉默地守护自我空间以外的树林。都市里的人在光明的万千世界中寻欢。但守望者却依然安身于她的执着。因为她守护的，是她的梦，是她的想，更是她存在的见证。高滋教授便是这样一个守望者！

1944 年 进入圣玛利亚女中学习。

1950 年 考入交通大学化学系，1952 年院系调整到复旦大学。

1979 ~ 1981 年 英国伦敦大学帝国理工学院化学系访问学者。

1985-1986 年 美国加州大学伯克利分校化工系访问学者。

1998 ~ 2000 年 美国康州大学访问教授。

1984 年至今 复旦大学化学系教授、博士生导师。

岁月是前进不止的步伐，高滋教授为着自己的梦想四处求教，却还是不忘她一直扎根的地方。她是圣玛利亚女中 1950 届校友，复旦大学教授，我们心中最忠诚的守望者！

高滋教授从小热爱科学,1944 进入圣玛利亚女校后就一展才华。她爱好理科,爱探究。

当我们问她为什么会选择理工类时，高滋教授果断地回答说：“一个是解放了，当时我们圣玛利亚女中有一些进步同学、进步的教师传递一些新的思想，那么解放了要建设新中国了，从旧中国要变成新中国主要还是要靠工业，所以我就想要学理工科。另外也是受家里的影响，我考的是化学系。我父亲学的也是化学，我的叔父也是学的化学。”

当然，自我的痴迷极其重要。这股子好奇与执著带领她进入茫茫学海。在她人生的征途中，她似乎早就明确了方向。交通大学，复旦大学，北京大学，她的步伐深重留在了她痴迷的学海中。

可是，守望者的执著远远不在于此。1979年，她成为首批赴英访问学者之一。邓小平提出改革开放，要派留学生出国，全国各大学都选了优秀的年轻教师去教育部参加英语考试，同时英国大使馆也要考。英国大使馆的那个考试大概有40多人考，那时她考了全国第一，是唯一拿到“excellent”的学生，40多人中她考得最好。这不仅是她自己的努力，也有圣玛利亚女中的功劳。

复旦大学化学系教授高滋

守望者的阅历让我们钦佩，但守望者的角度更值得我们学习。高滋教授认为科研是她要致力的，但更重要的是培养像她一样的科研人才。正是这样，她充实了自己的守望任务，也延展了自己的存在角度。

1972年，她负责筹建复旦大学化学新专业，同其他教师和学生一起研究石油化工催化剂。

“我们组织了一个50~60个人的团队，做了近10年研究，中间有5、6年三班倒。因为要测催化剂的寿命啊、它的稳定性啊，所以人不能离开。我们从无到有建了整套的反应装置，我也参加三班倒，有许多工作需要研究讨论，白天也要工作，所以很辛苦。搞了近10年左右。我们这个也得到了上海市的一等奖，得到了国家奖。别人称赞说：‘复旦大学他们实验室工作做的细致踏实，所以他们能工业放大一次成功。’我们在实验室工作中确实碰到很多很多的困难，因为从来没有做过。但是我们一是依靠学校领导非常重视，另一个是我们的团队非常团结，工作也非常认真，所以凡是参加过这个项目的人，一辈子都留下了非常好的印象。”

哪怕再艰辛，相信和她一同努力的学生们一定会克服困难，取得自己人生的每一个“第一次”。因为有像她一样的好导师，祖国才会有更多的建设人才！

高滋教授守的是人类生存依赖的学术之海，望的是莘莘学子奉献自我之时。

高滋教授说，她很少有烦恼，因为她会把自己的心胸打开。这一句简短的话语凝聚着多少豁达乐观？也许，这正是她值得我们学习的人生观！她便这样守望着自己的人生，璀璨独特的人生！

当我们问及“母校的哪些活动让您印象很深刻”时，她侃侃而谈。“我们那个时候活动非常丰富。像体育这方面，我就是在圣玛利亚女中学会了乒乓球，我还是学校乒乓球冠军呢，所以体育内容也非常丰富。文艺方面，我们还要演戏，我那时候还演过莎士比亚《威尼斯商人》里面的鲍西娅，所以它文娱活动非常丰富，培养一个人相当全面的发展。”她会积极参与各科的文艺活动来培养勇气。我们也相信勇气、乐观也在她成长过程中滋长。我们一直坚信，教育不易为，科研不易成。二者得而兼之，更是需要有山外山的远见和上青天的勇气。

茫茫学海，逆境是常有的状态，守望者必须斫断拦路障碍，甚至要忍受被木刺扎伤的痛楚。“70年代初期的时候，我们国家建了3个石油大工厂。那个时候这个石油化工都是引进的，装置都是国外引进，石油化工都是要靠催化剂的。我代表复旦参加了石油化工的会议，因为当时的政治局势，国外对我们也不像现在这样那么开放，所以心里也担心催化剂的问题。后来我便着手研究催化剂，一开始，我也并不是什么都知道，好多问题……”但高滋教授却还会对那疼痛的刺感投之一笑。我们这些旁观者也不禁被深深打动。守望者的疼痛与内在的从容验证了她的精神价值。

“人生的每一个阶段总会碰到一些难题，但是只要你下了决心能够很好地去解决它，乐观地看待它，你就能取得成功。”

她守的是安乐脱俗的心境，望的是造福人类的佳音。

英文中守望者被翻译成“catcher”。而在学海中，守望者被翻译成无数像高滋教授一样的文明捕捉者。他们是人类的守望者，他们用奋斗与爱心守护着学术成果，人类的未来，用精神的甘露滋润着孩子的心田。

“市三女中是上海唯一的女中，我好几次参加市三的活动，整个学校气氛非常好、教学也非常好。希望市三能够保持过去圣玛利亚女校和中西女中的优良传统。在培养学生方面能保持一些好的传统，为国家培养德才兼备的年轻的优秀人才！”

她开创了我国发育生物学研究的先河

——访1950届 徐信

市三女中2014届 李紫微 范容

“在圣玛利亚的生活让我收获了很多，无论是学习还是为人处世，学校老师的潜移默化都让我时刻谨记独立对于人尤其是女性的重要性。”

——徐信

她，全身心投入中国的生物研究工作，曾任华东师范大学生物系教授，中国细胞生物学会理事，是国内为数不多的女性动物学专家。

她，开创了国内发育生物学研究的先河，多次参与编写相关高校教材，为国内新兴生物学研究奠定基础。

她，在八十载的峥嵘岁月中铸就了无限辉煌，却一直孑然一身，荣誉面前云淡风轻。

她，就是圣玛利亚女中1950届毕业生——徐信。

1943年，归功于外公的“新式”思想，徐信同其他三个姐妹一样被送入圣玛利亚女中就学，这对于徐信来说，是一场全新的开始。除了朝夕相处的同学都是女生外，学校全英语的独特教学方式也让徐信倍感新奇与挑战。她回忆说："圣玛利亚的教学方法是启发式的教学。一般在上新课前，我们必须先进行自学，上课时，外国老师就提问，学生用英语回答，这培养了我的自学能力，独立工作能力，同时提高了我的英语语言水平。除英语外，在参加工作后，曾学习俄语和法语。”正是因为对外语的熟练掌握为她日后的生物研究、学术交流和教材编写奠定了坚实基础。我们想，这大概就是为什么徐信老师在采访中屡次提到要掌握好英语这门语言的原因。

1950届徐信（前左2）赴香港与校友合影

在生物学领域中，女性研究者并不多。驱使徐信选择生物学的原因源于她儿时的兴趣。不同于同龄少女日常生活的单调，徐信小时候喜欢饲养各种小动物，小学时就爱好绘画，进圣玛利亚女中时利用假日在著名雕塑家、画家张充仁教授的画室学习素描，时长8年。对动物的热爱、对绘画技术的较好掌握及高中时双语对思维的训练无疑为她带来了对生物的热忱天分及能力使其义无反顾投入对生物的研究。

徐信老师对生物学的研究达到了痴迷程度，特别是后来选择发育生物学这一新兴学科，更是投入了全副精力。从1962年开始她参加了了高等学校教材编写组，曾参加统编教材《组织解剖学》(负责组织学部分)、《发育生物学》(负责分子生物学部分)的编写。她还是中国细胞生物学会理事，发育生物学会副理事长。2009年10月中国动物学会成立七十五周年，为了表彰徐信老师为中国动物学会的建设和对动物学事业发展做出的重要贡献，特颁发荣誉证书。这是她退休17年后颁发给她的荣誉，使她深受感动，她感谢动物学会老、中、青科学家和教育家给她的表彰和鼓励。

据徐信老师回忆，1981年到1983年赴美国约翰霍普金斯大学和马里兰州立大学学习分子生物学做访问学者的这段日子令其印象深刻。住的是平民房，当时睡的床只有垫在地上的床垫，顿顿饭都是提前在超市买好鸡蛋和鸭胗肝自己在家烧。1983年回国在华东师大最先开设发育生物学专业课，招收研究生，编写发育生物学教材。1986年出版，这是国内最早出版的教科书。那些年在学校推广发育生物学，在编写教材的同时还要进

2009年中国动物学会颁发给徐信教授的荣誉证书

2012年国际慈善公益服务组织“狮子会”颁发的荣誉证书

行科研，花费的时间相当多，几乎每天都忙到深夜，紧张的事业使其无暇分身组建家庭，至今孑然一身，不由感叹在那段时光中是怎样的信念支撑着这个女子，使其一直怀揣着对事业的热忱。

尽管已八十高龄，但徐信老师清晰的思路，自信流畅的表达使人深深为其人格魅力所折服。初入徐老师的房间，映入眼帘的毛毡宣纸便在空气中渲染了一丝水墨青花的味道。每当完成画作后，徐老师都会将其送给身边老人、捐献给慈善公益事业，其在张充仁先生指导下的画作则捐献给了徐汇区土山湾博物馆供后人对张充仁先生的艺术事业进行研究。公益事业已然成为她生命中不可缺失的一部分。2012 年徐信老师曾赠送 30 幅国画作品给国际性慈善公益服务组织“狮子会”义卖，义卖得到的经费捐给山区小学校及智障小孩。同年“狮子会”向她颁发优秀贡献奖荣誉证书。

一辈子的坚持与固守

——访1951届 王爱霞

市三女中2014届 王隽毅 沈诗怡

在协和人眼中，王爱霞教授的名字总是和成千上万个疑难病例联系在一起。

在恩师张孝骞教授眼中："王爱霞是一个特别能干的人。"

在学生眼中："她会透彻地讲清楚整个事情的过程，即使没有犯过错的同学也能从中学到经验和教训。"

在后辈眼中："她把自己的这辈子全部交给了病人，却忘记了自己其实也是一个病人。长期拼命三郎式的工作，使王老师频发房早，心律不齐，症状发作时，她总是摆开三把椅子躺下休息一会儿然后再继续工作。"

抗日战争爆发，年仅5岁的王爱霞便结束了幼年的玩乐，踏上了一生的求学之路。

这是王爱霞一生当中的一个槛儿。从小各门功课非常拔尖的好学生王爱霞一直顺利读到初三，因为搬家转学到离家近的全部以英语授课的圣玛利亚女校。普通中学的外语进度、要求显然与圣玛利亚有天壤之别。好强的王爱霞只好屈服，从初三降到初一。但凭着刻苦努力，仅仅过了一个学期，王爱霞就跟得上英文授课了。

好不容易捱到初三第二学期，王爱霞又不幸得了伤寒，因误诊被迫休学。康复返校后同学都已从初三升到了高一，按照学校规定，休学期间课程必须退级重修，王爱霞找到教务长表达了不愿意退级。翻看了她在初中一、二年级门门优秀的成绩单，并经校务会员会开会讨论一致通过，学校破天荒同意她的请求。王爱霞如愿以偿，直接读高一第二学期课程。当然，她也满足了学校的条件——返校六周后功课全部补考通过。

都说"经历就是财富"，也说"塞翁失马安知非福"。王爱霞在青少年时代所经历的人生波折最终给了她回报：第一，深受庸医之害，所以立志学医，考大学时，毫不犹豫选择了上海医学院，所以才有了医生王爱霞；第二，读了两遍初中，打下了非常好的英语基础，这为她后来的求学增加了更多机会。

现在担任协和内科各专科主任或副主任的中青年骨干医生，如普通内科的曾学军教授、呼吸内科的许文兵教授、消化内科的钱家鸣教授、心内科的张抒扬副教授和严晓伟教授等，都是在王爱霞教授担任内科副主任分管医疗工作时接受住院医师和总住院医师培训的。无论当年见了王爱霞像老鼠见了猫一样绕道走的钱家鸣、还是总说“真可怕”的许文兵，这段成长经历都令他们最为怀念。大家对王爱霞老师的严厉有非常一致的看法，对她的感觉都是“又怕又喜欢”。“怕的是，哪怕是小小的马虎和错误在她面前简直无法逃遁，她的眼里不揉沙子，发现问题决不留情面，决不因为你年轻而原谅你对病人的过失。喜欢的是，她真是手把手地教，她会细心地观察着、关注每个孩子的成长，她会用自身的经验告诉你什么时候去捕捉机会。”曾学军说：“如果说我们身上还有一些协和的影响、文化和协和人的气质的话，应该说与那时候接受的培训是分不开的。”

急诊是高度紧张的地方，需要在这里独立工作的住院医生有高度责任心，稍一松懈就容易有异常。那时候的总住院医师不会包庇任何人，会把一线发生的情况如实汇报给王爱霞主任。大家也不会觉得总住院医跟谁过不去，怎么告我的密。而王爱霞会在一有异常时马上出现在一线。所以大家一听总住院医说“王主任一会儿就要来”，都立即紧张起来，立刻开始反省自己哪一点做得不好。“她有敏锐的临床观察力，有太强的威慑力，总是能抓住重要环节，一针见血、一抓到底地修剪每个人。她会透彻地讲清楚整个事情的过程，即使没有犯错误的同学也能从中学到经验和教训。所以每个人在严格要求下和坦诚的学术环境中，锻炼成长，尽职尽责完成着自己的角色。”曾学军感触很深地说：“王老师用特有的固执和坚守，营造了一种管理制度。”

当时全球首例艾滋病发现才四年，国人以为爱滋病离我们还很远，王爱霞教授凭着一个医生的责任和敏锐观察力发现了国内首例爱滋病。那是 1985 年初夏，一个阿根廷籍病人因严重肺部感染、呼吸衰竭送进协和医院重症监护病房。王爱霞教授被请去会诊，当看到病人的胸片时，一个惊人诊断马上跳入其脑中——艾滋病晚期。联系病人美国洛杉矶的家庭医生，果然证明他早就诊断为艾滋病。为了拿到有力证据，王爱霞医生亲自

北京协和医院王爱霞医生

做病人的血清化验报告，第二天病人死亡，几天后病人的病理报告和血清化验报告同时证实，这是一名艾滋病人。举国震惊，国际震惊。

然而这名艾滋病人毕竟是外国人，中国人中究竟有没有呢？王爱霞和学生在梅毒病人血清中发现了一名艾滋病抗体阳性人员，上门家访的结果是此人已去了澳大利亚悉尼。然而巧的是过了几年北京东城区防疫站长打电话告诉她，前几年他去澳大利亚悉尼参加学术会议，那里的官员告诉他，那个北京来的人原来是艾滋病抗体阳性，现已发展为艾滋病了。

第三例艾滋病人的发现也缘于其细心与责任心。那是个 29 岁的年轻人，初步诊断为肺结核。可王爱霞从他的气短、憋气、总想吸氧和鼻翼出现煽动，发现他有严重的呼吸窘迫。马上抽血化验，但防疫站常规的蛋白应激法检查结果抗体阴性。王爱霞想，如果病人抗体低，说明感染较早，那抗原就应比较高。于是再抽 20 毫升血清，请预防科学院重新试验。果然不出所料，病人血清中诊断艾滋感染的特异抗原非常高。经过积极治疗，病人病清迅速稳定。

在王爱霞教授办公室的书柜里，放着一本厚厚的艾滋病人档案，上面记录着从 1985 年到现在她所确诊的所有艾滋病人的基本情况，每一页泛黄的纸里藏着一个故事，一个只有她与病人间知道的故事。她与病人相互间的信任和共同与艾滋病斗争的故事。

国外大医院早在六七十年代就非常关注院内感染问题并开展了许多研究，但在国内，医院感染一直未得到应有的重视，这种情况直到 2003 年 SARS 爆发流行后才有了实质性转变。而协和医院之所以能在抗击 SARS 中一切都那么从容不迫、应对自如，打一个漂亮的阻击战，就因为有王爱霞等一大批重视院感、早就涉足这一研究领域的专家。

2003 年 2 月，当北京人还在笑谈远在广州的 SARS 什么时候登陆首都时，2 月 13 日从广州会诊回来的王爱霞教授随即在医院新楼多功能厅开始了第一场关于 SARS 的科普讲座。那一天，楼道走廊里挤满了人。食堂的大师傅也来了。他们说：“听完王老师的讲座，我们就消除了恐惧，知道该怎么做了。”王爱霞说：“我们的任务就是把关键的东西教给大家，让大家懂。”

王爱霞教授是在全国率先开始院内感染研究的临床医生，那是80年代初。她的第一个调查题目是“临床医护人员是否洗手与细菌数量”。这份调查源于一次偶然的会诊。会诊中，王爱霞发现，同一屋的两个病人被查出是同一种细菌感染。给予治疗意见后，她立即主动找病房主管大夫谈话，要求他们在查体前先用1%的过氧乙酸泡手。并警告说，如果不严格洗手，几天后同屋的第三个病人也会感染同一种菌。

对病房来说一场风波过去了，但王爱霞她敏感地意识到其中的严重性，立即着手展开两个调查：一是将医院药房内、外环境中细菌数作对比，结果发现药房外空气中细菌数远高于药房内。一是对病房治疗护士、护士长、实习大夫和住院大夫手上细菌的调查分析，结果发现护士的手最干净，而实习大夫的手最脏。大夫每天要为病人查体，细菌就这样到处传播？太危险了！全国第一篇呼吁重视院内感染的论文连夜赶了出来。

但在当时，这样的文章能不能公开发表会受到许多因素干扰。当时的协和内科有个习惯，医生们要发表的论文首先要经科主任批准。这篇论文首先在当时任协和内科主任、后来担任卫生部长的陈敏章教授那里被扣住了。因为报道院内感染无异于揭自家短，陈部长自然有他作为领导的烦恼和担忧。上海的同行也劝王爱霞，“院感是护士们的事情，你完全可以选大一点的课题来做”。

“现在下结论为时过早，二十年后见分晓”，王爱霞依旧不屈不挠，坚守自己的观点。正是由于王爱霞的远见，二十年后SARS爆发时期，协和医院打了一个漂亮的阻击战。

在母校圣玛利亚女中的学习生涯无疑是难忘的，也决定了王爱霞老师一生的志向。尽管时隔多年，她也早不在上海居住，但母校却一直在王爱霞老师记忆深处暗暗散发着陈酿般的芳香，提醒着她做一个遵从自己内心的人，成为一个悬壶济世，普度众生的人。

王爱霞老师就像一本厚厚的疑难病例字典，随着她的讲述、动作和神态，每个病例的诊断过程会生动浮现在你眼前。难怪，医院同事们都说王爱霞“看到病人，就像战士听到了枪响”。她的讲述里全是病例，唯独没有她自己。她低调，但无疑又充满了激情……

岁月峥嵘八十载，一路如歌铸辉煌

——访1951届 闻玉梅

市三女中2014届 卢欣怡 陈梦媛

“我这一代可能赶超不了国外先进水平，但我要为我的学生提供好的环境，培养他们参与国际竞争，争取能够赶超，即使他们还不行，他们培养的学生也将会成功。”

——闻玉梅

闻玉梅，中国工程院院士，现任复旦大学病原微生物研究所顾问，教育部、卫生部医学分子病毒学开放实验室学委会原主任。

由于闻玉梅老师近期天天奔波于无数的会议之间，我们只能用邮件形式与她进行交流。也因此让我们无形之中，对这位年近八旬的老校友又多了一分敬佩——因为这本应是一个在家里含饴弄孙颐养天年的年龄。

乙型肝炎，一种被认为可怕的疾病，一个被误认为接近绝望的代名词，使一些原本美好的人生在被病痛折磨后，剩下的，除了痛苦还是痛苦。“乙肝”这两个字就成了患者一生的枷锁——高考填志愿时，不得不放弃喜欢的专业；夜晚入睡后，常会梦见被同学避而远之而伤心地哭醒；好不容易学成毕业，又不敢去知名企业应聘；就业体检时，偷偷找人抽血代检的违规现象也曾发生过……在我国，“乙肝歧视”现象时有发生。

对此，闻玉梅，一位年近八旬的老人，多年来始终坚守在自己的工作岗位上，用近20年研究乙肝治疗性疫苗，力求造福一亿多乙肝患者。于她而言，早没有了对功利的追求，有的只是想用个人的努力回馈社会，造福无数在痛苦边缘徘徊的患者。

在此谨让我向为社会做出伟大贡献的人——闻玉梅院士，说声谢谢！

闻玉梅院士从小学习就非常勤奋刻苦，有着强烈的兴趣和特别爱好，从不轻易放过任何学习机会，处处表现出一种顽强进取精神和刻苦钻研品质。在圣玛利亚女中就读期间，闻玉梅曾连续三年获得年级第一的荣誉。

良好的家庭环境是闻女士成功的基础。父亲闻亦传、母亲桂质良以及堂叔闻一多的言传身教，使玉梅从小就受到熏陶。不幸的是，5岁那年，父亲因肺结核久治不愈离开了人世。母亲强忍悲痛，行医、兼课，硬是撑起了一个家。即便如此艰难，母亲也从不停止教育和引导女儿。而年幼却懂事的女孩，为了分担母亲的负担，在小学六年级时就利用晚间为同学补习英语，以此补贴家用。

中学时代的生活，使闻玉梅的人生观受到很大影响，她至今深切感到中学时代对塑造一个人，形成人生观是很重要的时期。闻玉梅院士说:“在圣玛利亚女中就读的六年中，收获了同学间的深厚感情，我们毕业60年仍保持联系交往；同时，我也受益于女中良好的‘好问’风气和互助的美德，这些都是特别难忘的。”

作为研究乙肝病毒的先驱者，我们问闻玉梅院士是什么支撑着她坚定的走下去，甚至为此而付出自己的一切。毕竟在当今社会中，奉献这个词已相当淡薄了。虽然我们中学生也绝对不缺乏理想，而且很多人的理想好像都宏伟得很，信心满满，但坚强执着的毅力却不太容易找到。平时，跑个八百米都觉得累，作业多了点就会叫苦不迭，更谈不上为自己坚定的目标奋斗几十年了。但闻老师说：“想想今天幸福的日子是过去多少人牺牲才换来的，因此要好好珍惜，努力工作。想想要让明天更美好，就必须致力于培养青年人，他们是祖国的未来与希望，因此坚定了坚守岗位的决心。”

闻玉梅院士在工作

2012年市三女中校长徐永初和校办刘芸拜访闻玉梅院士

作为一名成功女性，闻玉梅院士坚守乙肝研究岗位二十年，复旦大学医学院医学分子病毒学实验室，已从二十年前一个不起眼的小科室，逐步发展、壮大成一个拥有数十名科研人员和先进设备，掌控千万元科研基金，紧跟国际研究前沿，在乙肝、丙肝病毒及其他持续性感染病毒研究方面颇有建树，知名度较高的重要科研基地。1999 年，这个光荣集体当之无愧地成为上海市三八红旗集体、上海市高校实验室工作先进集体；2003 年，实验室党支部荣获上海市教育系统先进基层党组织称号；2004 年，实验室荣获上海市劳动模范集体奖状……

闻玉梅院士为赠送给市三女中的书题词

这些都是闻玉梅院士通过自己和其他科研人员一点一点努力奋斗得来的成果。闻玉梅院士说：“女性应当具备坚韧不拔的毅力，同时具备耐心细微的爱心。”

正如闻院士所说，她在乙肝研究上坚持了二十年，不断为我国的医学事业做出贡献，她将继续坚持下去，坚持研制出可以完全治疗乙肝的药，救治那些处在水深火热中的乙肝患者们，为社会做出贡献。

当问及有什么话想要对市三“学妹们”说时，闻玉梅院士给出的回答是：“希望你们珍惜在校的大好时光，‘一寸光阴一寸金，寸金难买寸光阴’，吸收一切，消化一切，为今后创造一切。”

不难看出，闻院士对于在圣玛利亚女中就读的岁月非常怀念。每每提及，她总是说希望我们珍惜在学校里的自由快乐的学习生活。我们听了之后都非常感动，因为这不仅是闻院士作为一个成功女性给我们的淳淳教诲，更是一个老校友给我们这些学妹们发自肺腑的勉励。我们为拥有这样的校友而感到自豪，更为母校市三感到骄傲。

中国比较教育的先驱杨之岭

市三女中 2015 届 张文绮 张玙嫣

她于 1951 年毕业于上海圣玛利亚女校，毕业后，抱着想要成为一名教师的想法，考取了北京师范大学，学习幼儿教育。毕业后她服从分配，留在系里主管学生工作。“文革”结束后，年近五十的她远赴美国学习，在获取博士学位后从事教育研究工作。她是我国教育哲学博士，我们的校友——杨之岭女士。

对于杨之岭来说，圣玛利亚女校是一所非同一般的学校。杨之岭全家有 6 人都与圣玛利亚女校有缘。母亲王绯霞是 1919 届毕业生，毕业后还留在圣玛利亚女校当了 2 年老师。两个姐姐和两个妹妹也都是圣玛利亚女校的学生。姐姐杨之蟾和杨之会是 1946 届毕业生，双胞胎妹妹杨大同、杨小异是圣玛利亚 1952 年初二学生。初中毕业于市三女中。

圣玛利亚的教育，对杨之岭产生了很大影响。她笑着说起当时学校灌输给她们的思想——女孩子要励志——而她也始终遵循着这样的宗旨。在圣玛利亚女中就读时，她的人生观、价值观也都在这种文化熏陶下发生了改变。

圣玛利亚的英文教学

而最重要并对其影响最为深远的便是圣玛利亚的英语教学。高中时，学校的英语教材就是英文名著，她到现在依然记得当时读的《威尼斯商人》、《居里夫人》、《双城记》等名篇，而她的英语水平正是在这样的日积月累下达到了相当高的水准。不仅仅只是英文的教学——她一直反复提及《威尼斯商人》中那个聪明的鲍西娅，让她看到了女性的智慧。她还从中学了历史。正是有了这些名著所灌输给她的思想，才让她在在美国遇到

杨之岭、大同、小异和父母合影

困难时，从未放弃。

她还提及当时英文的辩论会，她虽没参加，坐在旁边观看，但她坚信这能开阔人的思维。她还高度赞扬了当时的 Step Singing，圣玛利亚女校特有的阶梯英文歌咏活动，她认为这对学习英文极为有利，通过歌词，她潜移默化不费力气就学会了许多易混淆难记的搭配。她说，她觉得读书并非得那么苦，非得一定要死记硬背地去学。

立志教育

说到她为什么会走上教育这条路，就不得不提到圣玛利亚女校当时的“星期日学校”。学生们自愿在校园里教那些无力上学的穷小孩写自己的名字、识字，为他们上课。杨之岭十分喜欢小孩子，她一直很积极，有时会带自己负责的两个孩子回家，给他们洗干净，还把每天放学后吃的一些小零食存起来给他们吃。解放初社会上也在广泛宣传鼓励做人民教师，她立志教育，亦是在那时。

从圣玛利亚女中毕业后，她选择考师范大学，投身教育，做一名“励志”女性。多年后，当机会来临时，她搞起了比较教育研究。搞业务的副所长问她：“你为什么觉得你能胜任这个工作？”她回答：虽然十八年没有接触英语和业务，但在高中时期打下了良好的英语基础。比较教育，需要第一手资料。她拥有足够的英语水平，可以阅读、翻译、理解外文资料。而不具备这些能力的人就得靠翻译成中文的资料。她又谈起了高中时读过的名著原著，她甚至熟练地背出自己喜爱的片段。副所长大为惊讶——“你明天就来上班。”

“女孩子也会有大智慧，只要我们有知识，只要我们肯学。”“机会只给有准备的人。”她说起这些的时候，眼神里透出满满的坚定和自豪。

身在他乡

“读书无论什么时候都不晚。”在她年近半百时，她以自己的经历证明了这句话。

1980 年 1 月，作为北京师范大学的教师，杨之岭受美国肯特州立大学教育学院邀请，作为访问学者,到美国学习,考察和研究美国教育。由于她优秀的学习成绩和出色的工作,引起了教育界重视,被美国两个国际性教育组织吸收为荣誉会员。

两年进修期间,她不仅完成了攻读博士学位的艰巨任务,而且还利用假期参加了一些教育界的学术活动和访问活动,生动、真实地介绍中国教育的情况,引起了美国教育界的朋友和华侨、华裔的强烈反响。

她在 47 岁时赴美访学,快五十岁时拿到博士学位——要知道,在当时,中国的女性要拿博士学位绝非易事。

在美国,一切并不那么顺利——当时一封信从寄出到收到时间非常长,而打电话又贵,因此与家里联系不多。但每当她遇到看似难以跨过的槛时,她便想起居里夫人,想起曾经读到的那些成功女性,想起《双城记》的故事。当美国同学周末外出休闲时,她就在图书馆里继续钻研。她一直告诉自己:"为什么不可以?我没有像居里夫人一样,我没有饿肚子,也没有冻得发抖不是吗?我也一定可以读好!"

1987 年至 2003 年她先后应聘明尼苏达大学、犹他州的卫伯州立大学和加利福尼亚州立大学任教。她有自己独特的教育方式。"我的记忆力很好。"她说。在美国上大课时,老师们很难记住学生的名字。而学生也正是抓住了这一点,常在底下做一些自己的事。但她很重视课堂参与度,并将其作为评分的一部分。因此,这样的事在杨之岭课堂上绝不会发生。她说起当时一名在课堂上偷偷看书的女学生,她当即走到她面前问她:"What do you think , Mary?"这个 Mary 当场就怔住了。几次过后,没人再敢游离于她的课堂之外了。

永不停止的人生事业

她在美国工作到七十岁退休,回到中国,定居北京。在美国的这段时间,让她对美国的教育更加了解,而她在比较教育方面更有自信了,她坚信回国后能做得更好。七十岁后她还志愿义务为印尼玛中大学工作。正是如此,她的一生中,比较教育的事业从未停止。

她说:"教育能把一个人的灵魂,一个人的思想净化。好的老师,真正能带出一批好的学生。"这是杨之岭对教育的理解,也是她始终坚持进行比较教育研究的动力。

奋斗的一生 奉献的一生

1951届 汤铀射

勤奋治学，科研成果卓著

沈慧俐1933年5月生，上海市人，是圣玛利亚女中1952届毕业生。她出生于一个普通家庭，父亲给洋人当厨师，母亲是纱厂工人，家境比较清苦。因为家庭困难及那个时代对女孩子的重视不够，她差点上不了学校。但她很倔强，由于勤奋学习，尤其是英语，母校让她免费上学，还有一定的伙食补贴。在校期间担任过学生会副主席。这样，养成她思维活跃，敢为人先，精干坚毅的品质。她常说：永远不忘母校培育之恩。

之后，她考入了华东航空学院（现西北工业大学）。1956年随院西迁西安。1957年毕业后师从著名学者王宏基教授，成为我国首批航空发动机学科的研究生。她留校从事教学、科研及实验室工作。在科研方面，她长期从事航空发动机整体性能及进排气系统流场特性的研究工作。1978年以来主持了航空发动机稳态动态性能计算、超音速引射喷管特性计算、从自由分子状态到连续介质状态的过渡流场计算以及低liES进气道流场计算等国家863-204高技术项目，国家自然科学基金项目及国防科工委与航空工业部的重点预研项目。1978年参加中国工程热物理学会第一届全国学术会议并宣读她的论文《超音速引射喷管的性能与实验研究》（该文被推选到《中国工程热物理学报》（国外版））。1981年参加在印度举行的第五届国际喷气发动机会议并宣读论文，当时她是与会成员中唯一的女性。1982年参加在日本召开的国际流体有限元会议并宣读论文，1982年12月她晋升教授。1984年8月她与力学所钱伟长一起去丹麦参加十六届国际理论与应用力学大会。1983年后她在国际学术会议及刊物上发表论文15篇。1991年她去美国斯坦福大

1952届沈慧俐

在西北工业大学工作时的沈慧俐

沈慧俐为改变农村失学女青年命运，自筹经费办爱华女子大学

学参加学术会议，受邀担任美国出版的国际计算流体力学杂志 (1JCFD) 编委，是当时唯一的中国编委。沈慧俐先后获得国家级和部级 12 项奖状。

呕心沥血二十年，从培华到爱华

由于在科研上的突出成就，沈慧俐于 1983 年被推荐为陕西省政协第五届委员会委员（后增选为常委）。就在省第五届政协第一次会上，她提出了创建一所女子大学的倡议，受到政协、妇联的赞同和支持。经批准，1984 年 9 月西安培华女子大学成立了，这是一所专门招收高考落榜女生的民办大学，沈慧俐担任副董事长、副校长。之后，该校发展成了学生规模庞大的本科大学，后来由西安市教委接办。

在办培华女子大学期间，沈慧俐经常收到来自家庭贫困渴望读书的孩子的信件，其中一封是一个陕北女孩写的，说自己没能考上大学，想到培华来，可是家里没钱供她上学，信里夹着一张写着“我要上学”四个字的血书，这刺痛了沈慧俐的心，使她下定决心要为农村贫困失学女青年再办一所不收学费的学校。她深知当时贫困农村女孩一旦上不了学，面前就只有三条路：打工、务农或嫁人。她要为这些失学贫困女孩开辟另一条生路，让她们能上学，掌握知识，改变命运。不向国家要钱，不收学生家长的血汗钱。面对无米之炊，她想方设法筹款，把自己搞科研赚的 20 万元拿出来，另一位教授借给她十几万元养老金，这就是建校的启动金。没钱做广告，她就自己下乡招生，招穷学生、落榜生和回炉生。后经省教育厅批准，1987 年 4 月，一所社会助学性质的民办学校——爱华女子自修大学正式成立。这是一所对全体学生全程免费的学校。但仍有不少学生穷得连吃饭钱也没有。她就想办法让她们通过参加勤工俭学得到生活补助。学校辞去专职行政人员，大部分事情由学生自己管理；学校网络中心有 100 多台计算机，全部由高年级学生管理；鼓励学习成绩好的大专部学生为中专部学生讲课、当班主任；学生自己办食堂、种菜等，以及组织值班和打扫卫生。为了创收，他们还饲养奶牛和兔子。在这里，学生一个月的伙食费 60 元 (后涨到 90 元)。这样，学生参加勤工俭学，每天劳动 2—3 小时，每月能获得 100 元报酬，此外，学校还靠社会、团体的无私捐助，包括资金、设备等。学校的教师除少量专业课程由外校聘请外，大部分都是由校长、董事长沈慧俐自己和她所在的西北工业大学的专家、教授义务讲课。此后，学生人数迅速增加，到 80 年代末 90 年代初的鼎盛时期，学生最多时达到 2000 余人，有数十个专业。

办学过程中，除了经费问题，更为艰辛的是学校被迫多次搬迁。办学初期，教学点设在一家招待所，租金逼得她考虑搬家。两年后，她在西安蒋家寨租地 20 亩，她亲自带领学生自己动手除草盖房，建起自己的校舍。她充分利用一切资源为学校创收。从农民手中租来 50 亩土地，与果树研究单位合作，栽培嫁接树苗，获利 30 万元。学校当时开设了畜牧兽医专业，她就在学校里办起科学养殖业，养鸡、养牛、种菜。这样，仅安顿了四年，到 1992 年，由于开发区的发展，学校被迫拆迁。由于校舍一时无法恢复，致使学生流失三分之二。之后，她不怕艰苦又在甘家寨 4 亩废弃煤窑上重建校园。由于没有土地，学校赖以生存的种植业发展不了，她又在校园一角盖起一排简易房出租，以租养校。就在学校逐步恢复元气时，2001 年，甘家寨的校园又遭遇拆迁，开发区地产商送来了法院传票，要求学校限期拆迁，否则处以罚款。面临诸多厄运，她仍执著办校，2002 年元月，她向省、市主要领导写信求助，信中说："我为了建设学校，已投入了我的全部力量，十多年如一日，没有领过爱华一分钱工资，现在我已年近 70，曾因癌症住院手术，没有力量再白手起家，重建校园。所以恳请您在百忙中予以过问，怜悯山区的穷孩子们，使问题早日合理解决。"在上级关怀下，学校才得以利用赔偿款在庙店村租用农村闲散地，第三次盖起了校舍。为了多次重建校园，她从酷暑到严冬，在她爱人纪名刚教授陪伴下，每天乘公交车来回路上花费近三小时奔波于西工大和庙店之间。

在办学期间，沈慧俐每天从早到晚都在学校，几乎过问学校的每一件事，关心每一名学生的家庭情况。学生有点怕她，因为她很严厉，但又很依恋她，因为学生们清楚，只要进了校门，努力学习，再穷，校长也会想办法帮助她，让她学下去。沈慧俐经常教育学生，穷不怕，可怕的是不努力，没有志气。她希望她的学生都成为祖国有用之才，通过自己的努力改变命运。她以自己的身体力行的坚强意志和无私的大爱精神感动学生，因此，绝大部分学生学习很努力、很自觉，成绩在全省也名列前茅。20 多年来，爱华的毕业生有好几千，遍布全国。逢年过节，她会接到爱华毕业生从外地或国外打电话或写信汇报她们的生活、工作情况，这也是沈慧俐最幸福的时刻。

沈慧俐的办学精神引起社会舆论的广泛关注。1998 年以来，全国先后有多家中央和省、市电视台、报刊采访了沈慧俐及她的爱华女子大学并宣传报道其事迹。记者问沈慧俐为什么要办爱华，她回答说："我办女大不想要什么东西，我现在的任务就是再带一代人，让年轻的、有才华的、因为穷而念不起书的孩子都能有机会上学。我是搞航空科研的，这种事业要很多人才行，少我一个人，影响很小。办爱华，使我感到生活很有意义，很充实。我还想引出一条路，证明不要国家的钱，不要学生家长的血汗钱，也能办学。"

沈慧俐于 1998 年身患肠癌动了手术，住院两个月。出院后学校正值资金出现困难，她不得不暂停招生将近两年，但她没有放弃，用自己的工资硬是恢复了招生。之后，2001 年，爱华正值遭遇两次拆迁、学生再度流失之际，沈慧俐被确诊患甲状腺癌动了手术，她还是没有放弃，坚持把学校办下去。此后她还一直是终日劳碌奔波，没有好好休息过一天。终于因劳累过度，于 2008 年 4 月 30 日确诊为胃癌。第二天，她还坚持要和她爱人一同陪一位老师到拆迁后重建的爱华学校去看看并合影，次日即住进医院，没想到这次手术没有成功，她没能重新站立起来。2008 年 9 月 27 日，她走完了她的人生之路。在她去世两个月后，她入围了"CCTV 2008 感动中国"人物候选名单。她走了，但她对贫困女孩的大爱深情深深感动了后人，可以告慰她的是：现在她的爱华女子大学已经有了新的校长，他表示会继承原来爱华教育扶贫的精神办学。

结缘京剧，衣钵传承

——访1952届李世济

市三女中2015届 蒋怡琳 张 果

李世济第一次与京剧邂逅，还是5岁的时候。那时她在银行工作的姨妈请了老师来教京剧，她便坐在一旁的红木方桌下抱着桌腿坐在小凳子上听。最后她的姨妈还没有学会唱京剧，她便已经学会了。于是，李世济5岁时便登台，唱了《女起解》。

12岁时，李世济遇到了京剧大师程砚秋。由于周围的人开玩笑说李世济很像他，比亲女儿还像，不如认作干女儿。程砚秋高兴之余认了真，第二天便特意带了礼物登门拜访来认干女儿。李世济也在程砚秋老师带领下正式步入了京剧殿堂。

程先生教她程派的青衣，同时又找来老师教她刀马旦，花旦，闺门旦，武戏甚至昆曲。京剧的范围很广，李世济也学习了很多门类。

李世济崇拜程砚秋大师，又受到各位戏曲老师的熏陶、教育，学习京剧十分努力。但她的唱戏之路却并不容易。

12岁的李世济已经在圣玛利亚女中就读。她每天下午四点钟从学校出来后，就不再有空余时间。教京剧的老师一个接着一个将她的课余时间排满，往往每天晚上12：00才能睡觉，第二天早上5：00又要骑车赶到离家较远的圣玛利亚女中。白天时常缺觉。但她在学校中的功课却并不差。她做物理、化学实验十分有条理，温书时也能背得很快。那时，班主任十分体谅她，就让别的老师不要叫她回答问题，使她能休息一会儿。一次数学课她被叫到黑板前快速计算，疲累而紧张的她因贫血而晕倒。

当时唱戏的艺人身份低下，在下九流中甚至比妓女地位还低。于是，其父母及程砚秋大师都不同意她唱戏。“我的儿女里没有一个唱戏的，而你是我的干女儿，所以你也不能唱戏，但是你可以很好地学戏。”程砚秋这样对她说。

虽然课业繁忙，又得不到亲人支持，李世济依然坚决练习唱戏，最终登上了舞台。只是她一直心心念念的拜师心愿却在程砚秋大师心肌梗死去世后破灭，成为一生的遗憾。

程砚秋大师逝世后，周总理曾对李世济说：“孩子啊，你要化悲痛为力量。程派很重的担子要你挑起来。你要继承好，发展好。流派要随着时代的发展而发展！”当时的李世济并不完全理解这句话的含义，但她日后的行动，却无形中印证了这句话。

当时，很多剧目被禁演。为了能把程派京剧重新推上舞台，李世济将原先的戏一出出进行整理、修改。虽然这一行为并不为所有人接受并承认，但她知道，只有把戏重新推上舞台，才能真正对得起老师，才能对老师有一个交待。

她努力回忆着程砚秋曾对她说的戏中的意图与精神。对于戏曲，程砚秋最讲究的是人物。他教李世济用声音来表达人物的感情。不断创新正是京剧的精髓所在。而李世济也受到老师的启发，继承了这种精神，将程派又向前推进。

从程砚秋大师身上，李世济学到了很多东西，不仅习得了唱戏的技巧，更领悟到了其精髓。

她早已把自己和京剧与艺术紧密捆绑。

“文革”后，京剧的演员与观众都出现了断档。演员们不敢演出，而台下观众的头发又全是白色。于是，李世济下决心要让台下的头发由白变灰，掺黑，最后以黑发居多。

她三个月不演出，跑到青年人喜欢去的地方了解他们喜欢什么，感受京剧与这个时代的距离有多远。她发现年轻人并不喜欢含蓄，而是崇尚“爱要爱个够，恨要恨个透”。她又据此借鉴话剧，重新整理了戏剧，重点表现环境与人物的内心世界及思想感情。“观

京剧艺术大师李世济

全国政协委员李世济

李世济登台演唱

李世济饰则天武后

李世济与洋学生

李世济与丈夫著名琴师唐在炘

众是要培养的，出神入化才能抓住青年人的感受”。而大批观众与一票难求的局面便是她最好的回报。她将京剧推到了一个新境界。

李世济的丈夫唐在炘先生在李世济的京剧之路上是一个十分重要，不可或缺的存在。同样师从程砚秋的他为李世济设计唱腔与剧本，使李世济唱腔有独到之处，又不失妥帖，优美动听而又保持程派特点。他在音乐伴奏上亦有所突破，却又不喧宾夺主。他为乐队加强声部，加入了乐器——笙。他的乐队世界闻名，被誉为“中国京剧第一交响乐团”。他为程派的创新做出了很大贡献，也给与了李世济无数帮助。

李世济与唐在炘是夫妻，亦是知音。从丈夫唐在炘先生身上，李世济感受到的是源于亲情的支持与鼓励。他们共同欣赏京剧，彼此又互相欣赏，相互支持，相濡以沫，琴瑟和谐，鸾凤和鸣，携手为程派京剧开辟出新的天地。

人们都说，李世济是艺术人生。或许正是因为她将自己与京剧紧密相联，将生命与艺术看作是血肉关系，才得以在人生无数的艰难困苦中挺过来，在“文革”的压迫，社会的舆论，儿子的早逝，丈夫的离世中坚持下来。

现在，为了让程派进一步传承，她教导了很多学生，又培养了许多老师来继续传承。她希望能让程派代代传承，生生不息，直到千秋万代。

采访在意犹未尽中结束，但老校友的经历和成就让我们懂得：当生命与艺术相融，生命也就有了新的意义。在为艺术而生的生命前，任何艰难困苦都无法阻挡生命前进的脚步。京剧不仅是国粹，艺术也不仅只代表了美，它更是一种力量，一种震慑人心的灵魂力量，一种永不停步的创新力量！

古典芭蕾，我终身的事业

1952届 李葵

我是上海圣玛利亚女校1952届毕业生，我们52届可以说是最幸福的，因为1937届以后，只有我们这一届享有整整六年时光在母校原址长宁路1187号可爱的校园里生活、学习，尽情地浸沉于中，的确终身难忘。这是一所真正培养人才的学府，是塑造我们纯洁心灵的摇篮。一座超优秀与完美的女校。我在这所学校里打好了学业基础，培养了对艺术的热爱。我在芭蕾舞艺术教育事业上取得的成就与母校对我素质的培养，人格的磨砺有着不可分割的影响。

在美国开办芭蕾舞校

我是1978年4月离沪先抵香港，秋季赴美，在国外生活已有35年。古典芭蕾舞的教学工作是我的终身专业，自上海教到美国前后四十余年。初到美国，当地人对我们母子三人很好奇，Champaign(香槟市)位于Illinois州中部，芝加哥南150公里左右，著名的十大名校之一，University of Illinois所在地。我的两个孩子的中国护照当时在伊大的行政办公楼内相互传阅，因为是来自共产党中国，还是第一次看到，人们又对我是教授芭蕾舞这一项也相当惊奇。也有种人对自己中国人非但不相信，还冷嘲热讽，认为我没有学位，没有头衔，自己不去照镜子，一个黄脸婆还想同白人比，你今天开门，明天关门。总之，这条路是行不通的，看来在托

1952届李葵

朱其廉（中）和其女儿（左），儿子（右）、为英国喜剧演员郭弼

李葵在美国办芭蕾舞学校

儿所做做还像样一点。当伊大托儿所负责人看了我的申请表格后，即说这是埋没人才，太浪费了，你的才能绝对不属于我们这个部门。我算运气，后来通过了一节我的示范教学实况，有了两份 Part time job。晚上在一所社会大学教夜课，白天在一所体操学校任教。

两年后，1981 年元月我成立了自己挂名的芭蕾舞校，非但没有关门，在香槟市中心屹立整整 18 年有余，直到 1999 年退休。反倒是当地外国白人原设有的七、八所舞校均于 1987 年前先后关门，那时候我还不太懂这就是美国的自由竞争！然而，刚来美国不久的“黄”人确实比过了白人，这是所有外国家长们的一致共识。他们的女儿都跟我学习十年以上。他们常提及：“没有人会做你会做的事。” It's incredible! 我除了每天教课外，还每隔一年举行一次全校大型公演，剧目以整幕古典芭蕾舞剧为主，由全体学生参与。我校也多次被特邀参加伊州的年度活动 Great American Children's Expo ，于香槟万人剧场演出。圣诞节期间同外地前来的各专业芭团同台合作，上演胡桃夹子等剧目，这是美国传统节目。

1988 年 9 月伊州最大的报社之一 The News Gazette 采访我校，于周末特刊头版图文并茂全版报导。1990 年 8 月 NBC 电视台在我校庆祝建校十周年演出前，于总彩排时专程前来拍片及进行转播报导。自 1988 年起我的传记被连续不断列入全美 Editions of Marquis Who's Who in Entertainment, in American Education, in Midwest 之名人录中，本世纪起又选上我为 Retired Ballet Educator, 为二十世纪对美国有贡献的人物之一，列入 2003 ~ 2013 Edition of Who's Who in American, 我本人和我校十八年来受到各方支

李葵和她的学生

1994年李葵和她的学生

持和高评，得到全美权威性的公认和鉴定，更荣幸地收到三届总统的贺词。

这里引用1995年伊大香槟季刊林芳妃记者长达五页的焦点人物报导之开场白：

Gwendolin Lee创办的Lee School of Ballet，在伊州香槟地区的芭蕾舞蹈圈内久享盛名，不仅因为它是香槟有史以来第一个中国人办的芭蕾舞学校，而且她教导出来的学生备受各地舞团所赏识，使得这个学校在所谓白人的舞蹈世界里脱颖而出。

各人的成就都是与母校的培育不可分离。我们班毕业时共三十八名同学，可说个个是状元，个个成专家，我们班上人才济济！例如表演艺术家李世济是全国闻名的京剧团团长；王丽天，我的表妹是出色的眼科专家；余秋痕是经验丰富的妇产科专家；同济高才生我们的班长李玫、我们的中锋吴景瑜都是有声望的设计专家。其他同学均于各名大学、各专业系统名列前茅，都成为社会的栋梁，拔尖的人才，为母校，为国家争光。

人生最难忘的中学时代

我进入圣玛利亚女校的那一年正是1946年，即抗战胜利后的第二年，母校的校舍因战争而受到破坏，在进行大规模整修完毕后，以焕然一新的面貌迎接全体师生员工自约大斐蔚堂迁回。

当时我们年龄小，只知道马路上再也没有可怕的大汉奸和东洋兵，我原去觉民小学上学，只有五、六分钟的步行路程也只能停学，不敢出门。

我当时感到最幸福的是，我能进新的学校，是住读的！同时也是我们家族的传统，自上一代起，凡是女孩子都送进这所著名女校。

我深信当时的中外老师们心情必更为激动。中国教师中多数是老校友，她们与我妈妈、姨妈都是20年代同时期的同学，有些外籍老师才自集中营出来不久，她们的喜悦心情可想而知。她们的祈祷终于得到了答复，啊，日夜思念的母校，大家终于归来了！

我记忆犹新的是，1949年的6月母校为应届高中和初中的全体毕业生举行隆重又盛大的毕业典礼。我们班正是念完初三，那天我们个个穿上淡紫色的旗袍，淡紫色是我们的级色，根据校方规定，那天由我们班负责接待，迎接所有的家长和前来观礼的许多来宾。我班同学三五成群，如站岗似的自校门口起，安排于必经之道，直至大礼堂，协助指点方向，介绍当天日程，或带路，入座，等等。许多来宾当了解到我班同学是当天的初中毕业生，也恭喜我们呢！

然而来宾们最感叹惊异的是我们的学习环境竟是如此优雅美丽！我们圣玛利亚女校的校园是带有完整的地中海特色的建筑，在全中国可说是独一无二的。整个平面图上的建筑物均有对称的粗大圆柱排列于有顶盖之长走廊两边，相连着每一段宽阔的长走廊，将全校各建筑物环环相连成为一体，风雨无阻。这种建筑特色是稀见的。当你站在成片碧绿平滑如毯的大草坪中央时，必陶醉于林立的白杨树随风飘拂，阵阵玫瑰花送来清香。更可瞭望到远远围绕一大圈的均是相同的两层高，处于统一格局的建筑，唯有我们校内神圣的小教堂，富有鲜明艺术性造型的钟楼高耸于一切建筑之上。

母校除了此独特的建筑结构，宁静的环境，更令人怀念的是我们全校师生融洽的关系，是一种真正的互尊互爱气氛，这正是母校校风的精华，良好的声誉便由此而来，来

1994年李葵和她的学生16岁的Shawna和15岁的Meghan

1994年李葵和她的学生演出*Cinderella*后谢幕

1996年李葵芭蕾舞学校学生演出

1996年演出*Don Quixete*第二幕“梦的场景”

宾们怎么不赞叹不已！毕业典礼将开始了，我们一片淡紫色的初三同学，位于前三排的一半，另一半留给高三的学姐们，我四姨妈 Mrs. Kwok（朱其廉）穿戴着入时的盛装已坐在钢琴前作好准备，在这重大场合，由她这位音乐大师亲自奏响世界著名的毕业进行曲，那高昂动听的曲调，回旋于大礼堂内，振奋人心，主题、变奏、主题再现、再变奏、重复不止。与此同时，高三的毕业生一个个身穿白色长旗袍，肩胸前佩戴鲜花，于音乐旋律中步入，由礼堂最后排双开门进场，根据她们姓氏的字母排列顺序，经过长走道，一一上台领取文凭，宾客鼓掌声不断，气氛达到高潮，那天她们是多么自豪，又多么漂亮，犹如天使下凡，又似白雪公主，或者似新娘般向两边在座的热烈祝贺她们的亲朋来宾示意微笑，这岂不是每个同学最羡慕最向往的一天！

高三入学的第一天，心情好兴奋，我们终于盼到了 Study Hall 正中朝南 Sun Parlor 上面的大教室，这是在念初中时就极向往的一间，每个同学的座位是自选的，却从来没有争夺，仍是安然自如，各就各位。一贯来我的右边是阿芬（沈漪芬），左边是靠窗的静之（郭静之），前面是郭志娥，后面是陈祺先，每个人都得到自称是最满意的宝座。我们班始终融洽如一。这一年来除了加强努力学习之外，课后我们是各球类、田径校队主力军。我们班也集中了出众的文艺人才，如盛智英的歌喉，蓓蓓（刁蓓华）的琴律，举不胜举。我们还演了话剧罗汉钱，那真是肚皮笑痛，回味无穷。总之，Gymnasium（体育馆），Auditorium（礼堂）是我们经常活跃的场地，我也几乎都有份。

我也非常喜爱有规律的住校生活，每天清晨八时体育老师陆羽要我站在高台上领全校的早操，高中三年，Deaconess Ashcroft 要我负责每天更换教堂圣坛上的鲜花及各宗教节时期之缎带。学校 Choir（唱诗班）的练唱，Pageant（母校传统圣诞剧目）的排练，我每周还要去一位外籍老师处补英文，再要去校外上芭蕾课，晚饭后在教堂领晚祷，然后即是每个住宿生规定的在图书馆上夜自修两小时。尽管日程紧凑排满，但这种令人愉快的校园气氛美不胜收，每分每刻都在充实自己，这就是我们在圣玛利亚女校度过的人生最难忘的中学时代！

1952 年 7 月 5 日高中毕业那天，全校老师给我赠送了大花篮和日记本。她们中间好几位是我妈妈的同学，有几位也是她的老师呢！我在此十分怀念她们，感谢她们对我们慈母般的爱护和熏陶，我会永远珍惜。

我的家人我的长辈

我们家的亲人每提到母校 St. Mary’s Hall 总倍感亲切，从心底里发出微笑，大家还一起高唱校歌。我父系和母系双方的家属中校友很多，几乎成了皇亲国戚。

我母系方面，我四姨妈朱其廉（1904 ~ 1998）1921 届，我妈妈朱蕊莲（1907 ~ 2012）1927 届，我六阿姨朱倚笛（1909 ~ 2008）1929 届，当时她们三姐妹在校读书时，还接受了全面系统的音乐课程，在她们毕业时都已具备了深厚的钢琴及乐理等基础知识。最为突出的是我四姨妈，她雄心壮志单独赴美国纽约朱丽亚（Julliard）音乐学院继续深造，回国以后担任母校的琴科主任，前后经历三十年，校内师生都称她 Mrs.Kwok，她终其一生，不分昼夜，勤奋苦练，演奏，除了教授钢琴外，还培养了许多音乐人才。学生在她严格又正规的教授法和悉心栽培之下，确实与众不同。她们都掌握了卓越技巧，专业的水平，很多都称为杰出的钢琴独奏家，交响乐协奏家等。人们常说名师出高徒，太名符其实了。我四姨妈为音乐教育事业忠心耿耿，全心全意地贡献出她毕生的精力与才华，为上海、香港等地区公认的音乐界权威。1992 年 8 月下旬，我的学生在伊州为庆祝芭蕾舞剧《胡桃夹子》一百周年的演出结束后，我马上飞抵加州，因我女儿和女婿等着带我去 Cruise，正好在 L.A. 上码头（洛杉矶），顺路我去探望四姨妈，当年她已是 88 岁高龄，但非常健在，上海话她已不常用，以英文对话为主，她的客厅里有一架钢琴，她还是每天弹奏不歇，陶醉于中。音乐是她的生命，音乐陪伴她一生。我四姨妈的儿子郭弼（Burt Kwouk）是英国著名的电影明星，曾得过最佳笑星奖。他的电影作品列表上共有 85 部电影作品，其中影响最大的当数和英格丽·褒曼（Ingrid Bergman）配合演出的《六福客栈》，这部影片讲述了一个在西方家喻户晓的感人故事，英国女传教士艾伟德在抗战期间历尽千辛万苦将一百多名中国孤儿从敌占区带到了西安。郭弼演了一个帮助女传教士护送孩子的中国人李，为了引开途中遭遇的日本兵，他牺牲了自己年轻的生命。

我父系方面：我父亲大家称他D.Y.，1915年毕业于上海圣约翰大学理工学院，然后即出洋留学，毕业于美国康奈尔大学，回国后任约大物理系教授。我表嫂郭秀梅校长和我表姐丁宝理老师都称我父亲小娘舅。

我表嫂郭秀梅女士是母校1935届优秀毕业生，后就读于燕京大学并毕业于上海圣约翰大学教育系，于四十年代中她和我表哥丁光训成婚后，1946年他们俩双双出国加拿大和美国，表嫂秀梅曾攻读于美国哥伦比亚大学教育学院，于1950年再获得教育系硕士学位。

1951年我表哥偕同夫人郭秀梅及当时还不满三岁的儿子悌悌，自美国经日内瓦回到祖国。回到上海后，我表嫂即担任母校校长之要职。

我表姐丁宝理女士为1931届校友，当年被校方评为最优秀的模范毕业生，她即是我表哥丁光训的胞姐，她曾在母校担任多年外文教师，自1952年母校与中西女中合并后成立市三女中，她继续任教于市三。她们两位兢兢业业教学，认真负责一丝不苟培育下一代，为此付出了巨大心血。

郭秀梅除了当我们尊敬的校长，她还担任我们班高三时两个学期的英语主课教师。郭校长流畅的外语，豪爽的风格，精确的分析和讲解课文，博得我们班同学的欣赏、爱戴与敬重。

前辈老师们在母校的光辉业绩，树立的榜样，永远是我们心目中不可磨灭的记忆与怀念。我们家族成员中还有大姊李梅1941届，二姊李蘋1943届，我表妹王丽天和我同届，王慧天1952年初二，外甥女夏甘霖52年初三，等等，可见我们家几代近亲成员与圣玛利亚女校有着多么亲密的关系。

在圣玛利亚女校，这样母女、姐妹同校的现象何其多呀，仅我们班就有好几例。又如郭家八位天使小姐，都选择母校，别的学校根本不考虑，可见母校良好的声誉享誉海内外。

再说说我名字的来源，很多同学都知道夏甘霖称我九九阿姨，三岁的悌悌叫我九九孃孃，我在家里并非No.9，由于我的生日是十一月份，正是菊花盛开的季节，家里人

The publishers of
Who's Who in America
are pleased to announce the inclusion of
Gwendolin K. Lee
in the
Third Edition
1992-1993
of
Who's Who in American Education

1992~1993 年第三版
美国教育界名人录
Gwendolin K. Lee

1952届校友李葵

李葵芭蕾舞教育的成就多次载入美国Who's Who 名人传记中

给我起了小名“菊菊”，但我自己小时字还咬不准，嘴巴“菊”不起来，于是走了音，变成了“九九”，从此家里和所有亲戚都称呼我为“九九”，我 20 多岁时已当上了九九阿婆，近十几年来已升级为九九太太了，挺有趣的。有关我的外文名 Gwendolin 自出生日起即取定，我妈妈为了纪念她最喜欢的一位老师 Miss Gwendolin Cooper，故取她的 Firstname 给予我，20 年代的 Miss Cooper 除在母校任教外，还负责全校的舞蹈、戏剧等文艺节目，当时她曾排练一部综合性剧目 *Beauty and the Beast*，Miss Cooper 选我妈妈演 Beauty 这个角色，六阿姨演 Beast 这一角，原因是她长得高，很搭配。总之她们离校后仍念念不忘 Miss Cooper，非常 special to them。后来 1948-1949 年我们班初三时 Miss Cooper 曾教我们世界地理，可见她教上了两代人。

当我六岁半时，父母要带我去觉民小学报名，才发现我连一个正式的中文名字都没有，接着我父亲从字典上翻到这个“葵”字，恰同 Gwen 的发音很相似，我从小又跳跳蹦蹦，欢快的性格，正如一枝阳光下的向日葵。就这样，我有了大名。可见中文名是从外文名译音而来。

在外籍老师中我也很喜欢 Miss Cooper，当然我的名字与她有关联，对我妈妈来说更有特别的意义。同时我也喜欢学习芭蕾艺术等舞蹈，犹如我步上了她的后尘，确是一种巧合的继承。另外我也很喜欢 Deaconess Ashcroft，她外表看起来很严肃，年头至年尾每天一个样，头披黑长纱巾，身穿黑袍圣衣。同学们见到她都很胆怯，然而与她多些接触就会感觉没那么可怕。她很耐心，也很和善，很关心我们，她严格的方面其实同中国老师是一致的。如在教学大楼得保持安静，不准奔跑、叫喊。教导我们走路、谈吐等都得有礼貌、有规矩，不论是大礼还是小节，老师们都慈祥地关注和熏陶我们，这正是我们母校的风气和精神。我刚升入高一时，有天 Deaconess 来找我去一次老师休息室，我真是担心，不知自己有否做错了什么？！原来是她选上了我，要我在这高中的三年期中，负责校园里教堂的布置事项，如每天清晨得负责更换教堂圣坛上的鲜花，各宗教节期间得换上象征性的不同颜色的饰带等，我表示愿意接受，也感谢她对我的信任。Deaconess Ashcroft 于 1989 年圣诞节期间，自北加州给我来信，信中提到以前她也是芭蕾等舞蹈的爱好者，她和 Miss Gwendolin Cooper 常一起在母校的大礼堂台上表演，这都是我第一次听到，很高兴得知她还记得我们。

另外一位外籍教师也是同学们很熟悉惦念的，大约 1947–1948 年间，我初二时，母校自美国请来了一位极年轻活跃的英文老师 Miss Eddy ，她每天打扮得宜人，当时美国 40 年代的新型时装，我们有眼福天天过目一套不同的，色彩配合又协调大方，真如一阵春风吹进我们的教室，大家都有兴趣上她的课，可说是有声有色。

不久有一天，不知又从哪里吹来了一阵风，新到的 Miss Eddy 约我每周一次的中午大约用上五十分钟左右去她那里，即外籍教师的一幢住宅，里面一间称 Lounge 会客所，她有兴趣单独帮我补习英文，我简直发愣，不知是不是听错，也不敢问是什么原因，她竟然放弃自己的午休时间给我课外辅导。第一次去，她已选好了一本文学作品 *The Secret Garden* 交给我，以后每周她帮我复习后再继续下一个新的 Chapter，直到念完整本书。这件事我始终没有向任何同学提及，因为必定会有很多问号，我自己也不明白怎么答得上来。同时也不会有人相信，因没有人有胆量随便进入外籍教师的住宅，我每次去按她们的门铃，也只能壮了胆。外籍教师的住宅与我们校长的住宅是建在进校门后东侧一边的地盘上，与我们接触到的由各长廊相连接的地中海特色校舍毫不相关，是独立的。我当时只有十四岁，也不懂该怎样表示最恰当的谢意，长大后每回想起 Miss Eddy，她真的给了我不少帮助，一对一的确紧张，老师问话，我必须得开口回答，真可谓逼上梁山，但肯定提高了我英语及口语方面的能力。

有两张照片是 1950 年 Miss Eddy 为我们摄于美丽的校园里的，经郭志娥转交给我，还有当时纽约州一份时报的报导，有关年轻的 Miss Eddy 即将启程赴上海圣玛利亚女校担任英文教师的消息。

关于母校和青少年时代的回忆是美好的。亲爱的母校，您如慈母般地为我们的成长辛勤培育、灌溉，当我们打好完美的基础后，您又依依不舍地将我们一届又一届地送别，送我们踏上人生的征途。您是一座真正培养人才的学府，是塑造我们灵魂的摇篮，是我们永远感激与铭记的圣玛利亚女校。

圣玛利亚女校，我亲爱的母校

1952 年高二 娄丽娜

我今年已 75 岁，距离人生的终点已不再遥远，回想我坎坷的一生，圣玛利亚女中依然是我魂牵梦萦的地方，是我心中的神圣殿堂。因为在她温暖的怀抱里，我度过了由 12 岁到 18 岁——一生中最宝贵的青春年华，留下了一生中最快乐，最美丽的印迹。也正是在亲爱的母校所受到的教诲，为我奠定了坚实的基础，使我度过了有意义的一生。

1949 年 5 月，我读初二，上海解放了。因为从小爱看高尔基、鲁迅的书，同情穷人，所以，听说共产党对穷人好，我说那我就对共产党好。不久，团区委做学生工作的干部来到学校，党也派了地下党员俞慧耕老师来教我们政治课。从此，我就跟着他们，追求进步干革命。上街义卖小红花以募款慰劳解放军；组织腰鼓队作宣传；组织“十一”游行；为世界青年联欢节缝制万国旗……活动一个接着一个。正是在这些轰轰烈烈、如火如荼的活动中，我感到了生命的快乐和充实，我懂得了共产党就是要为穷人翻身闹革命的道理，我树立了要为共产主义奋斗终身的理想。正是这理想，支撑了我的一生，使我在任何挫折和艰难面前不屈服，使我在任何处境中都勤勤恳恳地劳动，使我在任何诱惑面前都不做违反人民利益的事情。

1950 年，我成了圣玛利亚女中第一批青年团员，还担任了第一任的校团支部书记。在开展工作中，我受到了俞慧耕老师的深刻影响，她那种宽宏大度和博爱的精神，使我们对所有的同学都充满了爱，不管同学们的思想觉悟有什么样的差异，我们都坚持耐心说服，从不粗暴对人，因而也取得了很好的成果。我正是从同学们的进步中感到了教育的伟大力量，因而考大学时选择了北京师范大学中文系。在从教一生中，我始终把无私的爱奉献给学生，因而成了学生非常喜爱的老师，使我不悔此生。

当团支部书记后，经常要听上级团组织的团课，然后回来后给团员们传达，记得上团课最多的是团区委书记钱其琛同志。他身穿灰色供给制制服，声情并茂讲团课时的形象，使我终身难忘。他口若悬河的演讲能力又给我以莫大恩惠。因为，我想我的口语能力就是在不断地听他讲又按他所讲传达的过程中培养的，我能成为一名凡听过我课都认为是“一种艺术享受”的优秀的中文系教师，我想有一半要归功于我的口才。也正因为教学效果和科研成果卓著，我在1985年被评为吉林省有突出贡献的中青年专业技术人才，获得了省政府颁发的英才奖章，并在90年代初享受了国务院给予的政府特殊津贴。

娄丽娜1950年初中毕业

1986年，在邓小平同志提出干部要“四化”的机遇中，我在民主测评中几乎以满票当选长春师范学院副院长。我想，这源于我一生勤勤恳恳的工作，一贯满怀热忱“与人为善”的作风，显著的教学和科研成果，而这一切，不正是圣玛利亚女中为我奠定了坚实的基础吗？1987年，我又在班子调整中升任院长，并连任两届，在后一届的最后两年，我又因工作需要，被调至吉林省人大任科教文卫委员会副主任委员，我还先后当了三届省政协委员和常委。这一切是我最可告慰我的母校、我的老师和同学们的。

记得大学毕业后，1957年10月，我一个人被分配到吉林省的边陲小镇洮南县，在速成师范学校工作，洮南的自然环境极其恶劣，它紧邻内蒙，严重沙漠化，“无风三尺

娄丽娜任长春师范学院院长时

1952年市三女中党支部，前左起：张小如、覃英、俞慧耕；后右起傅家祥、娄丽娜

土”，冬天滴水成冰，我冒着漫天黄沙和刺骨寒风，天天吃着难以下咽的高粱米和粗苞米面，却照样精神抖擞精心备课、教学，极认真地做好班主任工作，以至于到 12 月底，速成师范因故提前结束时，我仅做了三个月班主任的第 17 班学生，竟然在分别的夜晚，全班学生围着我痛哭了整整一夜，舍不得和我分手。这感人一幕，让我终身难忘。是什么力量支撑我在极其艰苦的条件下，工作做出了成绩？在我当院长期间，社会上不正之风已经泛滥，但我能慎独。当时我每年经手钱财以千万计，但我从未贪占过国家一分钱，也从未收过一分钱贿赂，主要是在圣玛利亚女中所树立的崇高的共产主义理想。

纵观一生，支撑我的是理想，使我成功飞翔的两翼是爱和口才，而这些，不正是我亲爱的母校——圣玛利亚女中赐予我的吗？

我离开圣玛利亚女中已有 57 年，我想念她，想念我的老师和每个同学，又很少有机会见到她们，仅以此短文，表达我对她们深深的敬意和怀念，并向她们简短汇报我的一生。

为祖国航天事业做出卓越贡献

——记 1952 年高二张存默

市三女中 2015 届 吴嘉霖 谌丹华

张存默，一位默默为国家航天事业做出贡献的女性。

1950 年，考入圣玛利亚女中学习；

1953 年，在高中毕业后，被推荐至苏联乌拉尔矿业学院学习；

1975 年，她所研究的课题经鉴定已大大超过当时美国研制的涂层；

1986 年，把军品成果推广应用到民用产品，并成功为轻工业部玻璃窑炉所用；

……

在圣玛利亚女中学习——最大的收获

张存默

当问及在圣玛利亚女中学习的三年中，有哪些回忆或收获带给她的影响最深时，张存默女士毫不犹豫说起当时自己的老师和同学们。她认为，在女校学到的最重要东西，不仅仅是书本里的知识，实践中的经验，更多的是做人的方法和道理，这比什么都重要。她常说“这短短三年是我一生中最难忘的人生经历”。她还告诉我们，在圣玛利亚不但受到了良好教育，学到了高中各种基础知识，而且老师们用自己的行为教育了她许多做人的道理，教会了她今后在社会上怎么工作，成为一个有用的人，一个诚实的人，一个关心集体，严以律已，宽以待人的人。她将这种无声胜有声的教育时刻铭记在心，使她在进入工作岗位后，为国家作出应有的贡献。

攻克一道道科技难题——永不放弃。

1953 年高中毕业后，张存默被学校推荐到当时苏联乌拉尔矿业学院学习，以优异成绩毕业，并被校方授予优秀生毕业证书。毕业后回国在成都地质学院从事教学，后来又调至航天部材料研究所工作。由于在圣玛利亚女中三年学习中扎实的数理化及英语基础，很快担任了课题负责人，从事“难溶金属的高温防涂层应用于高空发动机”课题研究。

在当时这样一个科技不怎么发达的时代，课题研究遇到许多困难在所难免。比如，卫星的姿态控制发动机，远地点发动机的喷管，难溶金属一般在 400℃ ~ 500℃就开始氧化。当时张存默女士要研制一种小于 0.4 毫米厚度的涂层，抗氧化温度要达到 1600℃。她的课题研究在 1975 年已达到 1800℃，经鉴定当时已超过美国研制的涂层（约 1300℃）。该涂层一直沿用到现在发射卫星神州飞船、嫦娥系列等型号上，曾获航天部科技进步一等奖。1986 年上级号召把军品成果推广应用到民用产品，并成功地为轻工业部玻璃窑炉所用。这种防护涂层可延长电极使用寿命，为玻璃生产节约成本做出贡献。并在国内外首次钼电极上应用涂层获两次专利。一是新型产品专利，一是发明专利，（钼及钼合金抗氧化涂层的渗制方法）同时也为材料研究所军转民开辟了一条道路，收到很大社会效益和经济效益，并获航天部授予科技进步一等奖。

现在在网上搜索，依旧能看到张存默女士的发明创造——这都是她凝聚一次次心血永不放弃的结晶。

实践出真知——灵活运用书本知识。

当被问及书本上的知识和自我实践那个更重要时，张存默女士的回答是，都重要，但关键是如何把书中所学知识化为我们自己内在可以运用的力量，如何真正理解，加以运用。谈起这个话题，张存默女士一下就想起了当时在国外留学深造的日子，据回忆，当时国内相比于国外，实验设备，资料文献都远远比不上，很多新型设备在国内闻所未闻。这时，个人的实践能力就显得尤为重要。

在圣玛利亚女中的学习经历，很大程度帮助了张存默女士，尤其是学校的英语教学。

良好的外文教育给她在国外深造打下了坚实基础，对今后直接阅读外文资料文献，交流讨论等有着深远影响。

课本上的知识固然重要，但如何运用于实际操作更加要紧。在未知的创新发明之路上，需要的是永不停息的在未知中自己钻研，取得一点一点的突破！

给学妹的话——鼓励与建议

当听说市三的学妹们也在积极参加青少年创新发明之类比赛时，张存默女士表示大力支持。但要真正发明创造出好的东西，一方面很需要我们抓住生活中的机遇——要善于观察生活中的问题，遇到问题，要善思善动，不惧怕问题困难，在一次次失败后再找出更好的解决方法。当然，每个人情况不一样，这时，就需要我们自己调节自我，更创佳绩！

张存默退休后在所内又工作了六年多，为航天科技培养了一批又一批年轻人，现在他们都能独立工作，继续为这课题新任务努力工作，使祖国航天事业后继有人，并在世界上处于领先行列之中。

她无私奉献着，一心只想着自己研究的课题，心无旁骛。这种默默静心钻研淡泊其他的精神，值得所有人学习……

刻苦不懈源于心中那份平和

——访 1952 年高一 林其珊

市三女中 2014 届 贾诗怡

林其珊，这位面容慈祥和蔼的校友，岁月磨去了她年轻时的稚气和倔强，却增添更多的平静祥和之气。在这近六十年中，她从小的耳濡目染，进入女中后的气质培养，再到最后的医学钻研和远洋学习，一位坚毅刻苦的女性形象跃然纸上。她对医学作出的贡献更是让我们市三人为之敬佩和骄傲，如今能有幸与她交谈，更是感恩万分。

从小的耳濡目染决定了一生的追求

林其珊之父是上世纪鼎鼎大名的内科医学专家林兆耆，作为一级教授，他言传身教，治学严谨，作为医生，他医学精湛，医德高尚，始终一丝不苟的战斗在医、教、研第一线。而作为父亲，他对长女林其珊的影响不言而喻。小时候，家里经常有父亲的学生，老师来探讨医学业务。然而，在当时战火纷飞的年代，成人的救治已十分困难，更别说儿童了，再加上食宿条件差，儿童感染患病是十分普遍的现象。年少的林其珊看在眼里，心中顿生的怜惜之情促使了她想学医的决心。

女中的学习为她的人生奠定基础

1948 年，林教授进入了圣玛利亚女校就读，当时的女中闻名沪上，重在培养女子的淑女气质，林教授在女中的英文学习为她后来的出国学习打下了语言基础。而那时学的钢琴和古典乐亦成为了她一生的爱好，她的长女更是受她影响而成为了一名钢琴家。现在谈来，她说自己十分感谢在圣玛利亚女中的学习生活。那时的她风华正茂，在学校学

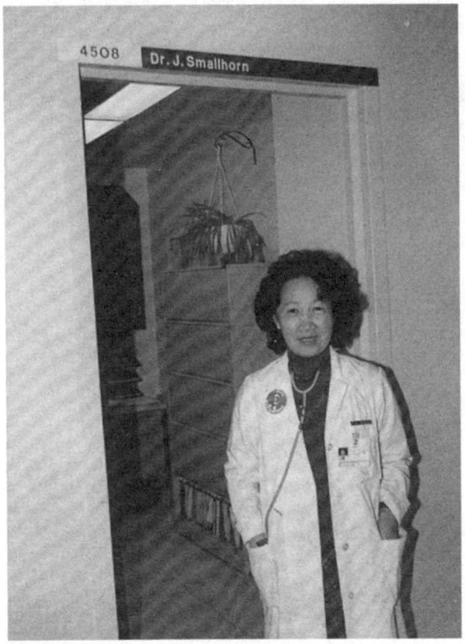

林其珊在加拿大多伦多儿童医院进修期间

1954年林其珊与市三女中的同学顾圣婴等在市三校园

习英文、音乐、舞蹈等培养女子气质的课程，这也潜移默化地改变着她后来的处事方式。平和，淡定，从容不迫，在后来追求医学的艰难之路上也能保持一颗赤子之心，不紧不慢稳步向前，“这是靠学习得不到的东西”，说到这里，她频频点头，眼中有些泛红。几十年过去了，那段女中的青葱岁月依旧在她心中有一个重要位置，这让现在还在市三学习的我感慨万分。

艰难的医学之路

1954 年，18 岁的林其珊走进了离家仅一墙之隔的上医，在医疗系就读了 2 年后，她毅然转入了儿科系。1958 年，林其珊在中山医院实习，开始了繁忙的日常问诊工作。投身于儿科事业的林其珊连仅一街之隔的家，每周也仅仅只回去半天，几乎每个晚上都可在病房中看到她的身影。当时，各方面条件都十分艰苦，医院的环境也不像现在。没有空调，就用电扇吹冰块的土方法降温，林教授经常额头挂着汗，一丝不苟地为病人认真书写病历。她选择了儿科，这也注定了她的医学之路更为艰难。孩童并不能当成成人那样治疗，孩童的生理和病理状况更特殊、更复杂，所以林教授一直在问诊的工作间隙不断探索和学习。虽然那段日子异常艰辛，但看着孩子们逐渐恢复的身体和脸上绽放的笑容，林教授说，一切都是值得的。

1963年，林其珊以第一名的优异成绩考取了顾庆祺教授的研究生，后因顾教授远赴美国，在独自完成了一年基础课程后，林其珊转投到了我国著名新生儿专家金汉珍教授门下，继续她有关“小儿心衰”的课题研究。然而，在她的求医之路看似变得顺畅的时候，“文革”爆发了。说到这里，林教授脸上明显写着“不堪回首”的字样。当时她正随着金汉珍教授做课题，忽有一日，有大字报贴于金教授处，上云:病人出血，我们出力，你们出名。这样的字眼吓得医学工作者不敢再采集血样，也因此，所有课题都进入了瓶颈。在就医时，患者还需向毛主席像鞠三躬，书写病历时一定要以“全心全意为人民服务”等革命性字句开篇，混乱的医疗环境让林教授苦不堪言。但即使这样，她依然平和地为病人看诊，整齐规范地书写着病人的病历，仿佛时间在她身上暂停了。

“文化大革命”结束后，开始了拨乱反正，一切都逐渐恢复秩序。此时的林教授参加了中美儿科基金会全国出国留学考试，有幸远赴加拿大进修。在国外进修的日子里，她依旧秉持着刻苦不懈的专业精神，在加拿大多伦多儿童医院进修小儿心内科并开始从事心脏超声诊断。

1984年，林教授学成回国建立了首个以小儿心脏科医生主持的心超室。来年春天，日本ALOKA公司带着他们的SSD−880彩色多普勒血流成像仪来沪，并在林其珊的母校市三女中展览，闻讯后林医生便兴冲冲领着病房的小病人上展台去做检查。在积累了许多经验后，林其珊于1986年在日本京都举行的国际心脏多普勒大会上宣读了有关论文，得到国际同行的好评，并从此与心超结下不解之缘分。

她将自己在国外所学毫无保留地带回了祖国，率先在我国应用彩色多普勒超声心动图评价小儿先心病，开启了小儿先心病治疗的金色大门。1989年至今，她收获奖项累累，获得的殊荣更是无数，1994年还获得了国家科技成果二等奖。但今日的林教授看上去还是那样平和从容，眼睛中透出的是医者的仁德，是经历了人生跌宕的淡定。访谈接近尾声时，她又感叹了一句“真的感谢在女中的那段日子”。林教授的一生是传奇而又朴素的，她用自己的坚毅为儿童医学事业作出了巨大的贡献，或许我并不能做得如此伟大，但我相信，只要秉持好的心境，再平凡的人生也是伟大的。

处之以淡然

——访 1952 年初三 邹灵

市三女中 2014 届 乔娉婷 蒋 静

“谁的人生会是一帆风顺的呢？谁没有过挫折呢？”

——邹灵

邹灵，一个对于我们而言或许是极为陌生的名字。其实我们从童年时代就已经享受到她的工作成果。因为她隐身在幕后，所以我们看不到。

她是圣玛利亚女中 1952 年初三，市三女中 1955 届的毕业生。

她是资深影视翻译家，为观众奉献了无数的经典。

从《变形金刚》、《太空堡垒》，到《成长的烦恼》、《神探亨特》。这些脍炙人口，风靡一时的影视剧作品，无一不是融入了邹灵老师的心血。

有人说，一部影视译制作品，剧本是灵魂，画面是血肉，配音是筋骨。邹灵老师，便是那样一个“灵魂工程师”，为自己热爱的译制事业默默耕耘。

今年的暑假酷暑难耐，我们唯有电话采访这位神秘的“灵魂工程师”。其实，原本所准备好的提问稿，在和邹灵老师的交谈中渐渐没了方向。她，让我们看到了什么是随意洒脱，什么是不拘一格。她似一只想要自由的小鸟，而无人可以将之捆绑。

当我们提及为何会选择翻译这个职业的时候，她只是淡淡的说道：20 世纪 80 年代初的中国，是改革开放初始的年代，时代在向前发展，外国的文化，教育，娱乐等各方面逐渐引入国内，她说：“1984 年 9 月上海举办为期一周的英国电影回顾展，放映了《敖德萨档案》、《将军的夜晚》、《冬狮》、《桂河大桥》等影片。我受邀在现场担任同声传译。

动漫翻译家邹灵

后来，新光电影院常放映内部参考片，大多数是英美片，就由我同声传译。当上海电影资料馆、音象资料馆、上海电视台译制部相继成立时，我就逐步进入了译制片工作这一行，一干就是二十多年。

她从好奇，到了解，到热爱，到现在的不可分割。她，就是翻译家，邹灵。邹灵老师在接受媒体采访时曾这么说过，“《变形金刚》是我 1988 年翻译的，还是有点印象。因为是第一次看到如此新奇的动画片。我们以前看到的动画片角色都是些狗啊、猫啊之类的可爱动物，或是白雪公主那样的童话角色。以机器人形象出现的作品还是第一次见到。而且这些机器人还能变成我们日常生活里习以为常的交通工具，更是让人好奇！”一天翻译一集，邹灵老师持续了几个月，翻完了整部《变形金刚》。从此一发不可收拾,《太空堡垒》、《淑女与流浪汉》、《小浣熊》、《牙刷家族》、《恐龙》、《超人》等，邹灵一共完成了二十几部动画片的翻译工作。除此之外她还翻译真人拍的电影和电视剧，如《神探亨特》、《大饭店》、《成长的烦恼》、等；电影《星球大战 2》、《辛德勒的名单》、《叶卡捷琳娜女皇》、《水门事件》、《最后的黑手党家族》等百余部影视剧作品。其中《成长的烦恼》、《大饭店》分获 1995 年第一届中国广播电视学会电视译制节目一等奖、二等奖；《伊丽莎白－泰勒传》、《天使爱心》获 1997 年第二届的三等奖;《黑后的黑手党家族》2000 年获二等奖;《叶卡捷琳娜女皇》获 2001 年大奖。

她是《变形金刚》首席翻译，整个 95 集动画片，绝大部分都是她翻译的。擎天柱、威震天、补天士、惊破天这些人名的翻译堪称一绝，令看过这部动画片的小朋友难以忘怀。邹灵说：“《变形金刚》其实是美国玩具商为在中国销售玩具而送播的动画片。当时她们翻译组的人都不舍得去买一个玩具，因为价格一百多元在当时来说就是天价，译制人员所得的报酬是很低的。她只记得有出版社送给过一本连环画册。”但是邹灵还是沉浸在其中乐此不疲。她说：“相对来说翻译动画片比翻真人电影、电视剧要简单。我们翻译出来的不是字幕片，而是需要配音的，所以翻译用词要格外注意片中外国演员的口型与中文字发音之间的契合，既要注意意思的准确性，又要根据演员说话的节奏来控制字数，这样最后的成片中的人物才会显得和配音天衣无缝，让观众入戏。而动画角色口型表现并不复杂，翻译中可以不用太讲究。”

在工作方面，邹灵老师总是十分淡然，就像是已经融入了自己生命之中，习以为常了。但当我们说起，人生之中是否曾有过挫折时，她呵呵一声笑了，然后叹道，“挫折啊，人的一生怎么可能没有挫折呢？你们还小，不知道。‘文化大革命’，你们不知道。”想要继续深谈，邹灵老师却说，“都是过去的事情了，现在幸福就好了。对不对？”不知为何，我们心中涌上一股涩涩的味道。对啊，只要现在幸福就好了。

1995年邹灵（右）与老学长程芍华（1939届）、葛成筠（1941届）在圣校旧址

曾听人说过，人啊，一生之中最不缺的就是挫折了。有的人怯懦，有的人坚强。前者太过软弱最终都无法逃脱那个困苦。后者坚强到似乎忘记自己早已挺过这些挫折，与痛苦。

那么，邹灵老师，您是坚强的，对不对！

缓和了沉重的气氛，我们聊到了母校的历史。口气一直淡淡的邹灵老师，却在这个问题上，让我们感觉到了她的激动。很难想象，极为豁达开朗的一名成功女性，在电话那头深深地感叹道：“那时的学校啊，真的是很漂亮。很美，很美！”说着说着，大家都陷入了沉思。我们似乎和邹灵老师一起，回到了那时候的圣玛利亚女校。那时候的学校，有着神秘的树林，优雅的建筑，以及走在课堂里面，听着老师讲课的那一群，青涩女孩……邹灵老师记得当年教她们课的所有老师，她把对母校的爱永存心间。

其实，和邹灵老师聊天的时间真的是很短暂。快要结束对话时，她还开着玩笑说，“啊呀，今年天气可真热。以后等天气凉快点儿，我们可以出来聊啊。你们高三了对不对？那要好好学习啊！”短短几句话，让我们倍感亲切。

她似鸟儿自由潇洒；她似苦茶清香淡雅；她似玫瑰美丽坚强。

她，就是邹灵。

邹灵老师，我们为您而骄傲，我们也定会，让您骄傲！

她，似浓却淡、意蕴浓厚

——访1952年初二 曾点

市三女中2014届 吉玫颖

她，清华大学建筑系毕业，上世纪80年代初去美国Berkeley大学，后在旧金山市政府工作至退休，在此期间她还专注音乐和绘画。

她，在2008年四川汶川地震时，义不容辞回国去陇西从事灾后重建小学的设计工作。

她，在2009年去奥地利讲学，内容是如何用中国传统画法来绘制西洋水彩画。

她，在2011年4月10日在美国旧金山举办独唱音乐会，获得观众热烈掌声。

她就是曾点，市三女中1956届的毕业生，一位女性，意蕴浓厚，似浓却淡。

1948年当她刚进入圣玛利亚女中预科(相当小学五年级)时，她是一个十分胆小、害羞的独生女儿。1949年解放后第一次组织的游行是从学校(当时校址在上海西站附近)走到外滩，她母亲是队伍中唯一的家长，因为不放心而一直跟在她身旁走完全程。每学期的评语指出她最大的缺点就是“不发言”。她说：“感谢母校——这所培养女子人才的摇篮，把我从那样的一个女孩子培养成一个既有扎实的文化基础、又有相当的社会工作及组织能力的全面发展的人，使我在人生的道路上能独立地坚强地去应付各种不同的环境。”甚至连她自己也没有想到一个“不发言”的女孩子，后来居然在清华大学五十周年校庆时还代表全校一万多学生在几万人面前讲话。

初一时，经过班上同学杨大同和杨小异的启发、鼓励，她参加了由圣玛利亚及圣约翰中学联合组织的红旗文工团，这是她第一次跨越从家门到校门两点一直线的道路。在这个业余文艺社团中，她学习了合唱指挥、基本的芭蕾舞动作及标准普通话等，学到了许多课堂上学不到的音乐舞蹈及戏剧方面的基本功，并且参加了配合社会上各种活动的演出. 一个只懂得读好书的单纯的她从此开始热爱社会活动。在中学时她曾任团委宣传委员，在傅家祥先生及司罗素先生领导下，她在课余时间得到了很多社会工作的锻炼。每天上完课还要开会做事，回家后再做功课，周末又要参加上海市学生课余艺术团的活动(当时任副团长)，生活安排得很紧张但也很充实。

在美国任建筑设计师的曾点

有一次上音乐课，音乐老师何义法先生忘了带笔，就问哪个同学可以借支笔给她，曾点坐在第一排，随即就把她的铅笔递给了何义法先生。谁知因曾点把笔尖对着了老师，于是何义法先生就“训”了她们整整一节课。要她们记住：当你递铅笔、剪刀、刀子这类东西给别人时，一定不能把尖的一端对着对方，这是一个基本礼貌。曾点说：“我一辈子也忘不了她的这一教导，作为一位音乐老师她不只是教唱歌，还那么认真地教我们基本的行为礼貌，这是何等可贵的事。可惜，在‘文化大革命’中，何义法先生被迫害至死，我从内心深处永远怀念她！”

在曾点老师的文章中写道：清华建筑系给她们的专业熏陶使她们一生受用。她们的系主任是全国著名的建筑大师梁思成先生，对于梁思成大师的教导：“建筑是凝固的音乐”她一直牢记心头。对于她们的副系主任是世界著名建筑师莱特的弟子汪坦先生的教导：“少就是多”的理论也不敢忘记。清华的教授力量雄厚，老师们传授了各种专业知识给她们，打下了非常扎实的基础，给了他们真正建筑师的功底。使她们走遍天下都以一个清华建筑系的毕业生为荣！在曾点老师的记忆中，最难忘的是那些在清华学堂通宵赶图岁月、每天背着画板到颐和园画水彩的时光、以及在科技大工地的工人实习、山西太原的工长实习，这些画面于她都历历在目，她想回到那段无忧无虑，生龙活虎的快乐时光，可惜时光不能倒流，只能让那些甜蜜的回忆留在心底了。

1980 年，她以清华大学的学历及毕业后的工作经验自费申请到美国加州大学伯克莱分校读硕士研究生，她是加州大学建筑系接受的第一个中国大陆的研究生。当时她已年过四十，要到一个陌生的国家用不同的语言在新的环境下奋斗倒也需要一点勇气，但凭着她中小学时在美国教会学校读的英文底子到了美国倒很快适应。她在旧金山市 MBT 建筑事务所找到了一份工作，开始了她在美国的建筑设计生涯。她在这个公司做了一些大学的实验楼如加州大学伯克莱的生命工程系新楼、史坦福大学医学院的细胞及基因工程研究中心；大的石油公司的计算机中心等建筑。

2003年她决定退休，好好享受人生。退休后除了原来的画画、跳舞之外，她开始学太极拳，还参加了一个华人合唱团，同时开始跟一位声乐老师学唱歌。唱歌也成为了她生活中的重要部分之一 。合唱团每周练一次唱，每年演出一次。2011年4月她在声乐老师鼓励下，年逾七十却大胆开了一次独唱音乐会。她退休以后还有一件最快活的事就是和一些老同学和新朋友们一起周游世界，前后去了 希腊、埃及、意大利、西班牙等地，见识到了过去在课堂上、书本里听到、读到和没听到、读到的种种。

2008年5月，四川大地震，她的中学老学长主持的美国1990学社在美国募捐筹款帮助陕西省灾区重建一所小学校。她的老学长找她义务做设计，她果断接受了。2008年10月与一位美国建筑师一起去了灾区，2009年5月完成了一座绿色小学的设计，2010年6月竣工。此工程在2011年五月份的《美国建筑师》杂志上发表，她很高兴能够有机会发挥一点余热。

2009年7月，她应邀到奥地利维也纳南部一个艺术学院的暑期班讲学并教水彩。她以“中西方绘画的结合”为题，试图发扬中华文化艺术。回美以后，用同样的内容在不同场合做了报告。

这些在别人眼里都是一些伟大的事，在曾点老师眼中却是发挥自己的一些余热。虽无缘与曾点老师见上一面，聊上几句，但在推荐人杨老师的口中得知，曾点老师对自己所做的一切只用“受陈晋明大姐的委托参加重建灾区小学工程的有关工作，自己并没有做什么”来回答。

在这样一位经历丰富、意蕴深厚的女性身上，我看到了浓浓的付出、淡淡的索求。

我为环保事业做贡献

1952 年初一 徐乃珩

我是上海觉民小学毕业后考入圣玛利亚女中的，念完初中一年级后，两校合并，我们去原中西女中上学，我也再没回过母校。然而母校的操场、健身房、教堂在我记忆中却留下了深刻印象。

记得那时每当中午休息，我都要去操场荡秋千，和同学们比赛谁荡得高。有一次，我荡到几乎与地面平行时，在往下俯冲那一瞬间，我的一只脚滑出了秋千板，膝盖擦地而过，新穿上身的花呢裤在膝盖处磨破了。我怕回家后挨母亲责怪，偷偷地用织补法把洞补上，竟然没被母亲发现。这条呢裤子一直穿到初中毕业。

我爱好运动，经常去健身房看高年级的大姐姐们打篮球。放学后，我也时常在体育室锻炼，踢踢腿，弯弯腰，练练投篮，没想到我竟然成为我们家四个姐妹中年龄最小，个子最高的女孩。两校合并后，我入选校篮球队，成为第二梯队的成员。

初中毕业之际，校领导动员我报考中专，在中专学习期间，我不仅是校篮球队成员，也是校田径队员，曾代表学校参加过市级比赛，还拿到过名次。到了工作岗位，我也被选入建工部机关篮球队。这些都得益于中学时代学校设施齐全的健身房和操场以及母校的培养。在校期间，我积极参加学校举办的文娱活动，舞也跳得不错。参加工作后，周末和节假日也结伴去参加单位举办的舞会。记得有一次我的上级单位人事部门到我们单位挑选了几名姑娘去人民大会堂参加有中央领导同志出席的晚会，我也被选上了。那次舞会上我见到了周恩来总理、罗瑞卿等领导同志。当时，周总理询问了我们的科研工作情况，还和我们跳舞。总理和蔼可亲，舞步轻盈，舞跳得好极了。这是我终身难忘的一件事。

2013年6月16日，徐乃珩（右）和邓修芳（左，1952年初二）邓修梅（中，1950届），在北京校友聚会上

这也得益于中学时代学校给我们创造了全面发展的环境。

1957 年我分配到北京的科研单位工作，但一直保持着在中学时代养成的读书习惯。1958 年我就读于五年制的北京业余建筑工程学院给排水专业，之后又就读于北京外国语学院三年制的函授英语班及大连外国语学院一年制的函授英语班，均通过了考试。继后，我又拜清华大学环境工程单钱易教授为师，学习专业资料的笔译技巧，在她的指导下翻译专业的情报资料，为科研人员提供国外的研究动态。我也从一名实验室操作人员成长为一名高级工程师。我所参加和负责的研究课题，分别获得了北京市环境保护局、北京市市政管理委员会、北京市科学技术委员会、北京市人民政府、国家科学技术委员会颁发的科学技术成果奖证书。所研究的内容包括城市生活污水和工业废水的处理及利用技术，水污染物排放总量控制中的监测技术，防治水污染的技术政策研究，国家环境标准修订工作管理规定等。研究成果也落实到生产中或被政府部门贯彻执行。我还参加了《北京市环境保护志》中科研篇和《北京市科学技术志》中环境保护技术的编写工作，并已出版。我为我国的环境保护工作奉献了大半生。

我能取得这些成绩，首先是母校培养我养成了爱读书的好习惯，使我在工作后仍不断学习，不断提高自己的专业水平和业务能力；是母校严格的要求培养了我一丝不苟的工作作风，使我在实验工作中精益求精；是母校培养我具有不断进取的上进精神，使我不断为自己开辟工作的新领域。我的成长和成绩的获得都与在母校所受的教育分不开的啊！

如今母校原址已经在城市建设过程中被开发商拆掉，只留下了作为历史保护建筑的教堂。母校的教堂在我的脑海中也曾留下过不可磨灭的印象。那时，我们经常去教堂做礼拜。我喜欢教堂里那悦耳的管风琴声和唱诗班那优美的歌声。至今每当音乐台播放有管风琴伴奏的古典音乐，或童声合唱团唱圣诞歌时，我彷佛又回到了母校，坐在教堂里，柔和的光线透过大玻璃窗射入教堂，我痴情地倾听着优美的歌声和管风琴的伴奏声。我又一次沉浸于少年时代的回忆中，美好的回忆是甜蜜的。她使我忘却了年龄，忘却了病痛。如今，母校已不复存在了，而教堂还屹立在楼群之中。有机会回上海，我一定要去看看少年时代给我留下那美好回忆的母校教堂。

2013 年 5 月 30 日于北京

千教万教教人求真，千学万学学做真人

——采访原圣玛利亚女校老师钟国端①

市三女中 2015 届 邱子嘉 陆闻

他，天山中学终身名誉校长，新世纪中学创办人，青年马克思读书会导师。

他，此生最骄傲的事是创办了两所学校。

他，倾注一生心血于教育事业，坚信“学做人第一，学做题第二。”

他，就是曾在圣玛利亚女中任教的钟国端老师。

“女学生热情足，学习用功认真”

1950 年 9 月，钟国端老师在圣玛利亚女中担任高三物理老师同时兼任班主任，有许多事让他留下深刻印象。

首先便是女学生对学习无尽的热情。虽然是教会学校，大多数学生家境都不错，但当时学习风气很好。学生们都要求进步，在语言、艺术等方面都具有很高的天赋，只是逻辑思维稍弱。这届学生成就了之后一批女子杰出人才，中国工程院院士闻玉梅就是其中之一。

钟国端老师

学生们都很服从并追求真理，常会为一个问题而苦苦思索，同学间互相辩论。这一切都为初为师表的钟老师记忆深刻。

在当时的校园中，还有修女存在。“她们很严格，要求女学生要有女孩儿的样子。”这是钟老师告诉我们的。修女们会监督学生们的言行举止，要求她们举止得当，谈吐优雅。就餐前，还

① 钟国端老师1950~1952年在圣玛利亚女校任职。

要和学生们一起做祷告。

离开圣玛利亚女中后，钟老师到圣约翰中学担任教导主任。

在圣玛利亚女中的日子虽短，却让钟老师记忆犹新，以至六十年后，他仍能把当时的情景为我们娓娓道来……

钟国端老师说："学生就是我最宝贵的财富。"

"五十年代教育界的好风气使人怀念"

1954 年的上海，市领导决定创办十所新中学。

那年 7 月，钟老师接到通知创办天山中学，要他担任天山中学校长。然而，校舍还在修建、14 个班的学生还未招生、老师去哪里找……一个个困难迫在眉睫，"孤军奋战"的钟老师去他高中母校上海中学"求援"，上海中学一口答应帮助他招生；钟老师又借了南模中学的校舍进行入学考试，上海中学的老师帮忙监考,南模中学的老师帮忙阅卷。钟老师说:"那个火热的夏天,那么多老师们放弃休息，忙前忙后地帮忙，从未收过一分钱……"

钟老师叹息一声，说怀念那时人身上的纯朴，更感谢他们的帮助。他说，他不会忘记天山中学是怎么成立的，不会忘记那么多人、那么多帮助。他当时就决定，以后哪个学校要帮忙，我们天山中学一定发扬风格鼎力相助。

钟老师就是带着这份感恩的心开始办学。在三年困难时期，天山第二小学借天山中学食堂吃饭。当时学校农场养了几头猪，在分鲜肉给教师时，有人认为对搭伙的小学教师就不一定分了。钟校长说："一定要分给他们。"并让总务处把好的肉先分给天山二小的老师，这让小学教师感动了好久。

"要成才，先成人"

"要成才，先成人"是钟校长担任改革开放后第一所民办新世纪中学校长时定下的教育方针。

在开学第一课上，面对一个个刚刚步入初中稚嫩的面孔，他说你们读书为了成才，但要先学会做人。钟校长告诉他们学做人从在家做好子女开始,比如爸爸妈妈回家要问候；帮爸妈拿拖鞋、倒茶；吃饭时为爸妈盛饭，等爸妈先动筷自己再吃等平时不注意的小事。

钟国端老师（前排左2）与他的学生

钟老师说："那些小学生啊，听得可认真了，他们都说今天一回家就做好这些事。"那些学生真的都照着钟校长说的去做了，他们的父母惊讶地发现那个一回家就摔门进房间从不问好的混小子、坏丫头不见了，感动于那一碗碗盛好的饭，一杯杯泡好的热茶……他们的惊讶变为感动，化为对钟校长的无限感激。在家长会上一声声谢谢，一次次握手，一个个鞠躬都深深感谢学校对他们子女的教育。

钟老师回忆一个学生在毕业时对他说："老师，我们在新世纪中学学的知识再多，但毕竟是有限的。但学到的做人的道理却是无限的，是一辈子受用的。"

"虽然我87岁了，只要我还有力气就愿意给青年学生多讲讲"

教育局"关心下一代"调研组组长，负责长宁区教育退管会组织的"园丁茶座"，长宁区青年马克思读书会指导老师……87 岁高龄的钟老师竟忙着这么多事。

我们采访他的时候，他刚结束读书会授课任务。从 1991 年读书会开办以来，他一次次地站上讲台，面对一批批品学皆优的高二学子，让对共产主义懵懵懂懂的他们，通过几个专题的系统学习，完善德育教育。我们看到了钟老师今年的讲稿，十几页用铅笔红笔清楚誊写的心智凝聚着钟老师精心准备的心血。"虽然每次我都是上第一课，内容也差不多，但我每年上课都要重新修订讲稿，力争有更新，更生动的内容补充进去。就像去年十八大上习主席提出的'中国梦'我就加进这次的内容里。"

钟老师是唯一坚持了 20 多年的导师，我们问他为什么这么大岁数还去讲课，他说他要让青少年从读书会开始，了解马克思、恩格斯，了解共产主义。让他们知道马克思不再是个空洞的概念，而是当代伟人，马克思主义是科学理论。他觉得退休之后还能为青少年教育培养做贡献很幸福，而且，讲课的过程，让他自己收获很多。

钟老师告诉我们他觉得索取不如奉献幸福。

白云起，郁披香，岁月如歌书华章

——访圣玛利亚女中教师俞慧耕[①]

市三女中 2015 届 方文琳 何其敏

“音乐是完美的科学，教育是美丽的艺术。以完美的科学进行艺术化的教育，引导一代又一代孩子们进入世界，认识世界，创造世界，是我们的责任。”

——俞慧耕

1949 年 9 月，一名身着细格浅绿色旗袍，脚穿白皮鞋的年轻女子迈入了那所有着米色高墙和朱红色屋顶的美丽校园——圣玛利亚女中。

这么多年过去了，学校思孙堂中五彩斑斓的玻璃窗和堂门外绿茵茵的大草坪仍深深烙刻在她心中。在她看来，那是圣玛利亚女校最美的地方。倘若有机会，想必她会再次坐在思孙堂中，凝视透过彩绘玻璃洒下的温柔光线，抑或是躺在大草坪上沐浴着温暖日光，侧耳聆听清脆的鸟鸣，呼吸空气中弥漫的淡淡青草香，缅怀那些夹杂在时间碎片中的美好回忆。

她是俞慧耕，著名音乐活动家、教育家。

1948 年，她毕业于上海圣约翰大学教育系。1949 年在上海圣玛利亚女中任教 ,1958 年调任中央音乐学院附中担任副校长，后任校长。作为音乐活动家，1958 ~ 1966 年间，她在附中成立“红领巾乐团”，带领乐团在天津、上海、福建等七省市巡演，成为最早的一支宣传交响乐的专业团体，受到过周总理接见。

当时的那些女孩，也一定不会忘记当年那位年轻的教师。与她们事前想象的截然不

① 俞慧耕老师1949~1953在校任职。

刘葆宏、俞慧耕（1952年8月）

同，这名政治老师头上没有军帽，也并不古板，而是烫着卷发，带着如沐春风的微笑渐渐走进她们的生活，也走进了她们的内心世界。教学生涯，十年如一梦，却永驻心田。

十年一觉女中梦

圣玛利亚女中是俞慧耕老师从事教育工作的第一站，更是人生历程的起点。虽说这个熟悉而又亲切的女中已不复存在，但她活在了俞老师的心底。影响之深，情谊之重，一直未曾忘却。

起初，由于圣玛利亚女中是一所贵族学校，俞老师以为学生们会很骄傲且不问世事，甚至校内的老师也或许有些傲气。进入圣玛利亚女中后，她惊喜地发现学生都很自律。当时学校共有260多名学生，而教职人员却只有3人，学校秩序井然。俞老师打心眼里爱护学生，如自己的孩子般给予悉心教育与呵护，很快与如长辈般照顾关心着俞老师的同事们成了知交。她明白，不该单纯地因为圣玛利亚女中是贵族学校而带有偏见。同时，她也迅速融入学生中，成为女孩们的朋友，受到她们一致的敬爱。

归来报明主，恢复旧神州

采访时，当问到“您认为圣玛利亚女中有没有改变了您呢”时，俞慧耕老师给出了一个出乎意料的答案：“没有，相反，我认为我改变了圣玛利亚女中。”

新中国刚成立时，仍存在许多国民党特务。作为一名地下党员，她的身份不能暴露。她就在这明枪暗箭的风雨下，一边尽心尽责履行教师义务，一边肩负共产党员的使命不断奋进。她如是认为："年轻人的命运应与国家命运相一致。"

其实，俞老师本身和圣玛利亚女中的学生一样，出生资产阶级家庭。但怀着对新中国崛起的强烈愿望，毅然加入中国共产党，为建设新中国出一份力。圣玛利亚女中原本没有政治教师，校内也没有团员、党员，但在俞慧耕老师的努力下，圣玛利亚女中逐渐发生了改变。在她和学校动员下，有 10 名学生参加军干校，这在一所贵族女子中学极其难得。随后，学校里还成立了团支部，开始发展团员。

俯首甘为孺子牛

在圣玛利亚女中任教的几年间，她唤起了女孩们将国家命运与自身命运相联系的爱国精神。1958 年，俞老师同丈夫远赴北京，任职中央音乐学院附中副校长。任职期间，俞慧耕老师发现当年市三女中学生顾圣婴和圣玛利亚女中学生李世济（后成为中国著名钢琴演奏家和著名京剧演员）等同学学习音乐和京剧都要化很多时间，但文化课成绩也相当优异。当时她就关注音乐对孩子学业的正面影响。随后，她又发现相同的课程，音乐学院的孩子上课时间短，但学习成绩却比部分普通学校出色，这一现象更引起其思考，她开始着手探究音乐对开发孩子潜能的作用，并由此推测学音乐的孩子更聪明。因为学钢琴要背谱，能锻炼记忆力。踩踏板的同时，既要十指在琴键上移动，又要看谱子，充分调动人体各种器官与神经的功能，注意力也能更好集中。在她看来，音乐最神圣的魅力是能唤醒人的潜能。

在上海圣玛利亚女中、市三女中和培进女中的十年教学经历，与之后三十年在中央音乐学院附中的任教，不同类型的工作使她领悟到音乐对儿童智力开发的作用。1984 年她试办课余音乐学习班。其间，有一次《北京晚报》记者李光访问后，在报上发表"学习音乐使孩子更聪明"的报导，引起广大读者关注。俞老师告诉我们这样一件事：一天，一个母亲带着她 3 岁半的智障孩子到我这里来，说要学音乐。这个孩子左手 3 个手指都不能伸直，只有拇指和食指可以动，还不断流口水。当时我们并不收智障孩子，但出于同情心，我答应免费教他学音乐。由于他手不方便，我让他学小提琴。后来，奇迹发生了，他所有的手指都可以动了！他 1984 年到我这里来学习音乐，2001 年考上了大学。北京晚报又追踪报导《音乐创造了奇迹》一文。

“于是更多智障孩子要求到我这里学习音乐。我在 2001 年 4 月办了音乐启智实验班，如今已有近 13 个年头了。有的智障孩子现在都会学 2 种乐器。今年（2013），有 2 个孩子去了韩国参加国际智障孩子联欢会，表演四手联弹。引起了很大反响，不但得到评委会的肯定和表彰，也给各国智障孩子一个榜样。这些智障孩子认识到‘别人能做到的，我也能做到。’”俞老师兴奋地告诉我们。

虽然在教学时也遇到了种种困难，却从未动摇她帮助这些智障孩童的博爱之心，她说：“我觉得这些孩子都是被上天遗忘的。他们在学校里有时会被歧视。这就需要爱心和耐心。”

几十年如一日，俞慧耕老师不断在音乐与教育的道路上摸索前行，默默为社会被遗忘的一角奉献余生。她以一颗慈爱之心，睿智地思索，勇敢拓新，从容生活。岁月沧桑，磨不去她的执著坚定，掩不了她的开朗达观。

泯然一笑，就此沉淀浮世喧嚣。静看日出东南隅，闲观红树夕阳间，她别无他求，不计回报，只愿将一生奉献给教育事业，奉献给中国的未来——所有那些如蒙尘珠玉般需要赏识需要关爱的孩子们。

圣玛利亚女校是我梦开始的地方

——采访圣玛利亚女校教师刘葆宏[①]

市三女中 2015 届 张媛媛

梦开始的地方

圣玛利亚女中是刘葆宏老师梦开始的地方。1948 年 23 岁的她刚从金陵大学毕业，来到了圣玛利亚女校，开始了教师生涯。她学的是化学专业，任教化学、数学两门学科。然而 15 年后她却任职上海外国语学院附属外国语学校（简称上外附中）校长直到退休。她是上外附中的创办人，第一任校长，那一年她仅 38 岁，现在看来还是年轻人。

“我们圣玛利亚女中校舍很美，学生学习得很轻松，很开心。”采访中，刘老师一直重复这句话。今年已 88 岁高龄的她，耳朵似乎不太好，我们只不过几十公分距离，她却还是会说：“啊？我听不清？再说一遍好吗？”她总会稍稍停顿，然后对我饶有歉意地笑笑：“不好意思，我忘记了。”她对圣玛利亚女中的记忆是，四点放课后在大草坪上嬉戏的女孩子们，华丽的校舍独立的寄宿生活，闲暇时一起弹琴的闺蜜，宗教学校独有的宗教氛围。

刘葆宏老师

她的言语有些许模糊，却不难看出，她对自己在女校任教生活美好的怀念。女孩子们的活泼，好学都给她留下了深刻印象。至今，她还可以说出得意门生的名字。 她说有很多女孩子毕业后去国外留学，有些去了当时的圣约翰大学。至今她一直和学生联系，参加圣玛利亚校友会，和 52 届学生联系颇多。在圣玛利亚，她结识了 1951 年从圣约翰英文系来的刘天佑老师，1953 年结成伉俪，

① 刘葆宏老师1948~1954年在校任职。

1982年在市三五四楼西，右起刘天佑、刘葆宏老师

是圣玛利亚作了媒。刘天佑老师在市三女中任职15年，是市三女中的外语教研组长、副校长，1966年初调到上海师范学院外语系。他为市三女中的外语特色教学闯出了一条路，培养了一批人才，其中很多后来留校任教，成为市三女中的英语骨干教师，如李绍贤、何亚男、宋凤等。

刘葆宏老师从1948年到圣玛利亚女中任职以后，1952年随圣玛利亚女中与中西女中合并成立上海市第三女子中学，她在市三女中任教化学，1954年调到市东中学任教导主任，1963年上外附中初创时期，刘葆宏老师被调去。

从化学教师到上外附中校长

刘葆宏老师是上海市化学特级教师，上外附中创始人。问起圣玛利亚女中和上外附中的区别。刘老师只是笑笑，说；“圣玛利亚女校很简单，没有有男生的学校这么复杂。”我尚未完全理解“复杂”两字的深刻含义，来市三女中一年的学习，却也让我感到，这

刘葆宏老师（前左2）与52届同学在一起

里的生活很简单，很快乐。

担任上外附中校长26年的刘葆宏老师仍十分怀念在圣玛利亚女校工作的这段时间，她说："在我漫长的40年教育生涯中最使我念念难忘的是在圣玛利亚的三年。当时我刚从大学毕业，毫无教学经验，初上课时常感到嘴皮发抖。但学生们专注的听讲，热情的支持，使我逐步大胆成熟起来。下课后，同学们和我三五成群坐在校园的草地上，忘却了师生的隔阂，像姐妹一样，无拘无束聊天谈笑。她们了解了我，我也了解了她们。在圣玛利亚女中改为公立学校时，我和同学们一起欢庆。在抗美援朝的热潮中我送别同学去参军。在短短三年中，原来是贵族学校的'小姐'们，都热爱祖国。不少人毅然离开舒适的家庭，远到北京，青岛等外地学校读书。许多人成了工程师，医生，教师，国家外事干部等，活跃在各条战线上为国效劳。这变化是巨大的。"

她怀念女中的简单、纯粹，她一再强调女孩子不应该比男生差。柔韧的刚强是女孩子比男孩子更胜一筹的地方。女孩子不应胆小，不应害羞，应该大方、大胆、纯粹、干净。

然而刘老师任职时间最长是上外附中，从1963年创办直到1989年退休。她在创办初期还是一片荒地的校址上，带领全校师生亲自劳动，修建起了教室、食堂等基本设施。上外附中和圣玛利亚很有渊缘，市三女中把原圣玛利亚图书馆的英文书籍调拨给了上海外国语学院。在那个并不开放的年代，她想方设法聘请外籍教师来上课，当时请到 14 个外籍教师；她选择了“情景教学法”让学生们能听说领先；在没有系统教材的情况下，她和老师们上完一天课还要研究明天、后天……的上课内容；她向全国开出公开教学观摩课，把上外附中的外语教学推向全国最前沿。这所学校里培养出了我国的一代外事人才，外交部长杨洁篪就是上外附中 1966 届毕业生。虽然上外附中也像全国所有学校一样经历了“文革”破坏，但在“文革”后期的 1971 年，刘葆宏老师就回到学校，开始工作。随着中美建交，刘葆宏老师决定学校率先引进国外一批先进的语言教材。她和英语教师们精心挑选了《新概念英语》、《展望未来》等教材，这批教材一直沿用到今天。从那以后，上外附中逐渐积累，拥有了自己的教学体系，开始成为中国外语教学的领航旗舰，也成为我国培育外交人才的苗圃。

希 望

说起对现在学生的希望，刘葆宏老师说：“希望现在的学生一定要将眼光放开，广泛汲取知识，不可拘泥于书本、不可急功近利。更重要的是，同学们还要参加社会、公益活动，培养自己的领导才能，放眼全世界，成为有专业知识和外语特长的多面型人才。”

整个采访的过程中，虽已是一头银丝，依然矍铄的刘葆宏老师回忆舒畅好似流水。她自然的手势、爽朗的笑声、动情的话语，使人不敢相信她已是 88 岁高龄。

我希望，在我年老之时也还可以保持刘老师这样的风采，有如此这般的神态，有如此这般的神情，回忆起自己的青葱岁月时，快乐的时光远远大于那些不快乐的。

十几岁的年龄似乎可以决定一个人的很多东西，十几岁时的校园生活也可能影响一个人一生。即便因年龄我们可能会忘记那段时光，但那段时光带给我们的快乐、感动。我们曾在这片校园里怀有理想、抱有追求，我们挥洒汗水。我们誓言不会输给自己。

一介弱女子却也有好男儿般的志向。只愿他日再回首，我们还是如今日一般感动满满。

罗迟慧老师[①]

市三女中 2015 届 沈子犁 乌心怡

罗迟慧老师是湖南长沙人，生于 1901 年，1924 年毕业于圣玛利亚女校，1929 年毕业于苏州东吴大学，主攻生物和教育，是东吴大学第一个女大学生。她先后在苏州景海女子师范学校、上海培成中学、延平路小学等任教，1946 年起在圣玛利亚女中任生物教师。1952 年圣玛利亚女中和中西女中合并后，她继续在新成立的上海市第三女子中学任教。

她一生从事生物教学。1952 届的陈莺回忆说："初一时我校来了一位新的生物老师罗迟慧。罗先生上的生物课不仅教书本知识，还教我们如何动手：如解剖青蛙，用显微镜做生物实验，并要求我们将显微镜下看到的东西画到实验报告上。"罗迟慧老师上课不只是让学生学习死的书本知识，她还主张通过实践加深感性认识，为了有一块生物实验园地，好让学生有自己动手的机会，她多次同学校商量，终于争取到实验楼旁一小块地，她带领学生一起种菜，看着种子发芽，生长，开花，结果。她还教学生解剖兔子，饲养蜜蜂，观察动物的生理结构，生活习性。五十年代初她曾在校中主办《从猿到人》生物展览会，她还将校园里的花木挂上写有中文与拉丁文学名的识别牌。她开创的这一生物教学方法在现在的市三女中校园里得到传承和延伸，常可看到生物老师带领学生在校园

罗迟慧老师

① 罗迟慧老师1946~1959年在校任职。

里认识树木花草，给它们挂上标识牌。现在学校在校友资助下，已经拥有具有先进电子显微镜的生物实验室。罗迟慧老师如看到今天学校的变化一定会很高兴。她是一位受学生欢迎的好老师。

罗迟慧老师中年丧偶，含辛茹苦将两个女儿抚养成人。1959 年退休后，于八十年代就亲自办好将遗体捐献给祖国医学事业的手续，她是一位彻底的唯物主义者。由于她生性开朗，淡泊名利，又得到两个女儿悉心照顾，高寿至百岁，2000 年无疾而终。身后家人根据其遗愿，将遗体贡献给医学科学事业，完成了她在世时的最后心愿，从而对社会作出了人生的最后贡献。我们尊敬罗迟慧老师。

今年暑假，天气特别的炎热，由于罗迟慧老师的两个女儿都已高龄且身体不好，我们未能采访到她们，因而对罗迟慧老师的情况了解得不多，只能根据资料写下这些文字。

我在寻找那叶扁舟

市三女中2004届 朱晓闻（执笔）王仁 叶窈越

敲开范敬敏[1]老师家的门，只见一位身材矮小、看上去极普通的老人从里屋走出，笑盈盈迎了上来。之前曾听说范老师退休前是我校数学教研组组长，想当然以为她是严师，心中不由自主生出几许忐忑，却不想范老师原是慈眉善目的老太太，心头的紧张顿时去了大半。

曾是那样地热爱数理化

像你们这么大时，我还在惠中中学读书，那是所教会学校。即使现在，在很多人眼中，似乎只有男生才能学好数理化，在那个重男轻女的时代就更不用说了，可我偏不信。

读书时我对理科特别着迷，觉得题目越做越有意思，越做越有兴趣，其实兴趣也是慢慢培养出来的，有时一道题目做不出真是饭也吃不下，觉也睡不着，可能是对数理化的精力放得大多，以至于文科就学得较一般。

范老师说到这里自嘲地笑了笑，脸上挂着孩子般的质朴。

高中毕业前夕，当时上海有名的圣约翰大学恰好招生，我想既然机会来了，就去试试吧，根本就没怎么复习，甚至还怀着碰碰运气的想法，便去应试了，谁知竟被录取了，说起来还真有点阴差阳错的感觉呢！

读高中时，有位姓王的化学老师给我留下了很深印象，那时他便告诉我要有科学精神，即使实验失败了千百次都不能放弃再来一次的希望。大概是受了王老师的影响，读

① 范敬敏老师1949~1982在校任职。

1950年范敬敏在圣玛利亚女校

大学时我选了化学系，其实那时别说其他人，就是老师都有些轻视女同学，像我们这些学理科的女生想要得到认可，更是难上加难了。说得严重点，学化学需要有一点勇气，做实验时碰到一些意外也在所难免，一次，有一些强腐蚀液体泼到我手上，幸好量不多，否则真是不堪设想，现在回忆起来还心有余悸呢！

听范老师说到这里，我不禁好奇地问："在旧社会，您能够有机会上大学，接受良好的教育，除了自身努力，是不是和家庭条件也有很大关系呢？"范老师笑言："其实我家里条件并不是很好，因为家里有男孩，所以我也不是太受重视，特别是读大学时，学费都是靠我的奖学金负担的。印象最深的是以往每年拿奖学金的全是男生，但从我们这届起，女生要占五分之二，其中当然就包括我，当时那些老师都是很诧异的呢！"

在那动荡的年代

我读书时还没有解放，社会动荡得很，到处都是学生运动。原先我只知道埋头读书，可那时哪里还会有地方让你安静读书呢，所以后来我也参加罢课，到街上游行。记得当时有一个学生会主席，因为在学生运动中表现突出，惨遭特务毒打，还被学校开除，这件事对我触动很大。虽然我从小在教会学校读书，可只是个懵懵懂懂的小孩子，哪里知道什么信仰，现在想来很感谢当时的那些革命党人，他们经常会"盯住"我们这些有进步要求的学生，告诉我们什么是马克思主义，也是从那开始，我也就不再信奉基督教而改信共产主义，直到1980年加入了共产党。

范老师说这些时轻描淡写，可我们听来却倍感震动，眼前这位平凡老人有着一段不平凡的过去，虽然没做什么惊天动地的大事，但在历史转折的关键时刻能正确认清方向，不也难能可贵？想到这些，我仿佛看到一支慷慨激昂的学生队伍中有位衣着朴素貌不惊人的女学生，正踏着坚定的脚步昂然向前。

初为人师

从圣约翰大学毕业后，我开始在圣玛利亚女校教书，因为这里缺数学老师. 我的数学又不错，所以便放下了专业，教起了数学。原以为自己读书时成绩不错，教书应没什么大问题,可刚上任,问题就接踵而来。要立即适应从学生到老师的角色转换毕竟不容易，刚站上讲台，面对一群比自己小不了多少的学生自然有些紧张，而且作为一所贵族化女校，这里显然是把文科特别是英文看得特别重，对理科则既无兴趣也无热情。虽然这些都是老观念，可偏偏越是老观念越深入人心。尽管学生上课都遵守纪律，可一双双眼睛中分明写着不情愿，这还真给初为人师的我一个下马威。

不过我还是很幸运，因为能得到许多老教师的关心，他们不但在教学上给我很大帮助，将自己的经验几乎全无保留告诉我，还以自己的实际行动告诉我，人，应当像“人”字一样，双脚踏地而又永远向上，老师就是要教书育人，而育人更应在教书上，只有自己做一个大写的“人”才能教会学生如何做人啊！

范老师的话朴实无华却又掷地有声，我们静静听着，不知不觉对老师更添了一份尊敬。

在老教师帮助下，我教得越来越得心应手了，其实女学生要学好理科最大的障碍就是信心，要是总以为女生不如男生聪明，心里老压着这样一块石头，怎么还能学得好呢？所以我就先以自己的亲身经历让她们明白，女生也能学好理科，只要用心，世上哪有办不成的事？为了培养大家的兴趣，只要哪个学生稍有进步，我就会马上鼓励一番，其实能看到学生的进步，哪怕只是一点儿，做老师的又怎么会不开心呢？

培养学生兴趣的同时，还得教会她们良好的学习方法。在学习中，很重要的一点便是掌握规律，这样才能融会贯通。渐渐地，同学们对理科不再恐惧，尝到了自己攻克难题的甜头，兴趣自然越来越浓，学习热情更高了。上课时，面对下面一双双期待的眼睛，真的会觉得当老师是一种莫大的幸福啊！

“五六十年代，我利用课余时间带了一个数学竞赛班，后来参加市里的数学竞赛，得到过很好的名次，作为女校能获得这样的好成绩，当时可让人刮目相看啊。”范老师

范敬敏老师和市三女中数学组的老师们（1984）

的脸上分明挂着得意的笑容。

一谈起这些得意门生，范老师好像一下子来了兴致，滔滔不绝说了好一会儿，老师的脸上挂着隐隐的笑容，掩不住她内心的喜悦。

我们还十分幸运地得到了一份校友来稿，它所记录的，是学生眼中的优秀教师。

范敬敏先生从初三到高三都是我们的数学老师，到高三时任班主任，当年二十多岁的范先生不苟言笑，曾在班会上语重心长地说："学习也是为了祖国。"每堂数学课，上课铃声一响，辫子盘在头上的范先生就手提小黑板踏进了教室，马上拿出一叠小纸条，上面是有关前一堂课内容的小测验题目，叫到名字的同学就抽签，上黑板演算，督促我们今日事今日毕，常备不懈。然后挂出小黑板，上面整整齐齐写着本堂课的关键内容，不是证明过程就是公式推导。讲授内容清清楚楚，不允许混杂一点似是而非的概念。课外作业交上去后，范先生把每个人的错误和不妥之处都找出来，必要时还把同学叫到办公室，当面指出，务必让本人明白错在何处，直到改正为止。组织得井井有条的课堂教学，严谨、严格和严密的教学全过程对我们一生影响很大，我们几乎把她当作数学的化身。范先生有句名言“不要想当然”。这在任何学科中都是适用的，每前进一步都要有根据，成为我们终身应该遵循的原则。

范老师教学过程中的一点一滴，无不影响、教育、感动着她的学生。然而在我们采访过程中，范老师谈得更多的却是学生自己的刻苦努力，而这，更让我们真切感受到了范老师虚怀若谷的精神和对学生真挚的爱。

我还要发挥余热

我从 50 年代开始任教，直到 80 年代退休，市三的一点一滴时刻牵动着我。刚退休时，血压一直偏高，家人劝我应享清福了，可待在家中，反而觉得少了点什么。后来发现，我是真的离不开教师这个岗位，只要还有余力，我总要尽可能发挥余热。于是，我开始经常回校听课，将自己在教学方面的一点经验奉献给青年教师，其实这也是一个自我学习过程。看到青年教师能从初为人师渐渐富有经验，并且真正热爱教师这份职业，我仿佛看到了自己年轻时，是怎样在老教师扶持下，一步步从青涩走向成熟，真是既欣喜又满足。有人说我傻，分文不取，一次次往学校赶，可是我想，人活着总要有些追求，做些自己喜欢的事。我现在经常学校家里两头跑，既帮助青年教师，又抽空辅导学生。

现代科学技术瞬息万变，活到老，学到老，我也总是努力使自己常常充充电，否则，岂不是要落伍？虽然比退休前更忙了，可我的精神却一天好似一天，血压也不高了，身体也比以前好了，总觉得浑身上下充满了干劲，说真的，我觉得做老师真是一种幸福。

说到这里，范老师脸上洋溢着幸福的微笑。自始至终她都没说过一句“慷慨激昂”的话，即使那些旁人看来实属不易的举动，她也只是轻轻掠过，恰恰是这种平和恬淡，更使我们不知不觉中有了几许感动。白色的粉笔末阵阵地飘落，染白了老师的黑发，却将老师青春的绿色映衬得更加浓郁。

走出范老师家，我不禁深吸了一口气，这几十分钟相处，已经让我们真切感受到了这位老教师默默奉献的品质，她的质朴、率真、乐观和积极，无不给我们留下了深刻印象。

此刻，耳畔仿佛又回响起了老师那朴实的话语——我在寻找那叶扁舟……

附：范敬敏老师的回忆

难忘的三年，日月如梭。五十多年的岁月，弹指一挥间，我已步入了古稀之年。回忆上海解放初期，我从圣约翰大学毕业来到圣玛利亚女中执教。那一大片绿茵如毯的大草坪，一簇簇绮丽多彩的玫瑰花丛，那贯通全校各幢楼房的长廊，下雨天从一幢楼到另一幢楼时，可以不必撑伞，也不会沾湿鞋，那米黄色的墙和红瓦屋顶的校舍，其建筑风格多么独特！许多美好的景象，至今历历在目，使我终生难忘。在我印象中尤为深刻的是那时学生的英文功底深厚，英语会话对答如流，水平之高绝不亚于或甚至超过了那时上海的普通大学生。从音乐室传出的悠扬琴声犹如仙乐绕耳，不少学生的钢琴造诣很深，水平可以与音乐学院的专业学生媲美。

我到圣玛利亚时初当教师，那时我觉得自己是从大学理科毕业，任中学数理化教师绝无问题。我只是按照自己对教材的理解去教课，结果有些学生听不懂，我却强调是学生不专心努力，时常训斥学生并用难题刁难她们，使那些学生对上我的课就害怕，对数学课也更望而生畏。回想此事，遗憾至今，我是对这些学生深感歉意的。

在圣玛利亚女中，我看到许多师生在教学上的敬业精神，教师间，师生间的关系十分融洽，相互间无私地帮助和关心，我从她们身上学到了许多。记得卫生室的汪庆保老师，在我生病时，照料我吃药打针，在工作上，俞慧耕老师和刘葆宏老师对我的帮助。在平时生活中，老教师们对我无微不至的关怀。更令我无法忘却的是何义法、袁葆群等老师，她们经常指导我弹奏钢琴，使我弹钢琴的技巧大有长进。

圣玛利亚女中培养出来的学生中有不少成为栋梁之才。如中科院院士闻玉梅，清华大学无线电系教授诸庆麟，国家领导人的翻译罗旭等都是圣校毕业生。我为她们都曾经是我的学生而感到自豪。

在圣玛利亚女中的三年虽然是短促的，但我永远忘不了那整洁的校园，严肃的校风，和蔼敬业的老师们以及一群群活泼聪颖、朝气蓬勃的学生们之身影……

追寻校友足迹 再现女校神韵

这本书是学生对圣玛利亚女校老校友的采访，是很有意义的书。

一所老学校最大的优势就是有不断传承的精神财富。薛正校长在评价市三历史时，选取了一个独特角度，她从市三庞大、悠久、活跃的校友会切入，认为有这样规模和活力的校友会，就足以见证学校的精神和传统。

每次大型校庆时，给学生留下深刻影响的，也是这些老校友的身影。她们虽然都已是耄耋老人，但都充满活力，她们对学校的热情和优雅的形象感染了每个学生。

的确，好的学校，校友们才能始终不渝地爱它、怀念它。学校的精神也在这些校友身上凝聚、体现，时间越久，越散发出芬芳。

传承学校精神，让学生接触这些老校友，就是学生和学校历史的生动对话。

读她们，就是读圣玛利亚女校，就是读市三的昨天。

这次采访，对我们的女生是很好的一课。她们在采访中亲身感受老校友的举手投足，处世为人，为她们的心胸情怀所感动。而且对远在国内外，情况各异的老校友进行采访殊为不易，我们的女孩克服了很多困难，交出了一份出色答卷。

这本书也是很好的校本教材。我们有一系列德育课程，如何更好地利用学校的历史资源，是我们一直考虑的问题。这本书，传承女校历史，针对女生特点，着眼女性发展，我们的德育课程，将扎根于学校历史的沃土。

市三的前身是中西女中和圣玛利亚女校。这本书将和记录中西、圣玛利亚、市三女中校友的《百年女中》一起，成为传承市三精神的双璧。追寻校友足迹，再现女校神韵。

陆 武

（上海市第三女子中学副校长）

以下图书已经出版，敬请关注

一本跨学科、跨地域的史料抢救丛刊，每辑256页，以第一手的历史影像为线索，来呈现一个个历史片段，强调细节、强调过程，关注日常生活。既有大历史的瞬间，又有普通人的日常生活。建筑、人物、事件，工作、学习、生活、家庭、师友，点点滴滴，呈现鲜活的民间生活场景，这些记忆既是个人和家族的，也是民族和国家的。

院系调整专题《1952，离别的季节！》和《寻找1860年代的中国》、《向沙飞致敬！》、《再见，我的卢湾时光！》、《德、奥教师眼里的“一·二八”事变》、《徐家汇教堂蒙难记》、《1963，南京路拆除有轨电车》等专题，以及《八一三弃家记》、《延安文艺座谈会亲历记》、《1959年的新农村建设》、《顾准在1957》、《1976京津唐地震考古记》、《鲁迅生前最后留影与沙飞的诞生》、《一个慈善家的追悼会》、《1964年黄新波的山西之行》、《四十年前的两次移民》、《毛主席纪念堂雕塑创作亲历记》、《虞洽卿路命名典礼》、《风雨黄洋界》、《一个浙中古镇的“大跃进”》、《一个小孩的下放经历》、《圣玛利亚女校》、《1933宰牲场》、《清溪村纪事》、《东北大学奠基仪式》、《川军旧部的一次西湖之行》、《清华水利系往事》等文章，提供了了解历史的微观切片。

以下图书即将出版，敬请期待

《向邬达克致敬》

他的身影已离我们远去，但他的作品却依旧散布在我们这座城市的四面八方，成为这座城市日常生活的一部分。如果说在相当长的时间里，外滩代表了上海的半张脸庞，那么她的另一半——国际饭店就出自其设计。他大概是近代上海设计作品最丰富、风格最多元的建筑师，几乎涵盖了所有的类型。他的作品已经融入了上海这座城市的文化基因，成为人们日常记忆和想象的一部分，构成了蓝天下这座城市美丽天际线的一部分。他，就是 LadislausEdwardHudec……

《隐者童寯——影像、信函、手稿》

以历史影像、草图、信函、读书笔记等第一手材料，呈现中国早期著名建筑师童寯的学术生涯。

《1952，离别的季节！——亲历院系调整回忆录》

1952 年的暑假，对于中国的大学校园而言，是不平静的一个暑假。有的人走了，有的人来了；有的学校结束了，有的学校开始了。这一刻，深刻改变了很多人的命运，也改变了很多学校的命运……今天，当年的亲历者多已是耄耋老人，他们中的一些人，把珍藏心底 60 多年的记忆记录下来，六十年前校园中的一幕幕场景，重有浮现在我们面前，那个不平静的暑假，那个不一般的院系调整……

历经三年时间，联系全国近 200 位老人，涉及三四十所高校院系调整的回忆，为历史留下重要的切片。

《那一年，那一刻——亲历抗战胜利回忆录》

1945 年的抗战胜利，是中华民族一百年来的第一次胜利，第二年我们就成为联合国五大常任理事国，这才是真正站起来了。这是多少同胞的牺牲换来的，是民族复兴道路上的重要转折点。但是，关于七十年前的那一刻，我们的记忆几乎是空白。为此，我们在全国各地寻找亲历抗战胜利的线索，有国军的、共军的，有延安的、重庆的，有沦陷区的、大后方的，甚至还包括当时在海外的亲历者，共同见证这一中华民族伟大复兴的重要时刻。

七十年前的那一刻，欢呼、回家、团圆、复员、接管，那一段的记忆刻骨铭心……

详情垂询请 E-mail:xff66@aliyun.com,clq8384@126.com，欢迎赐稿。